京都
移住
計画

京都移住計画
Kyoto migration project

CONTENTS

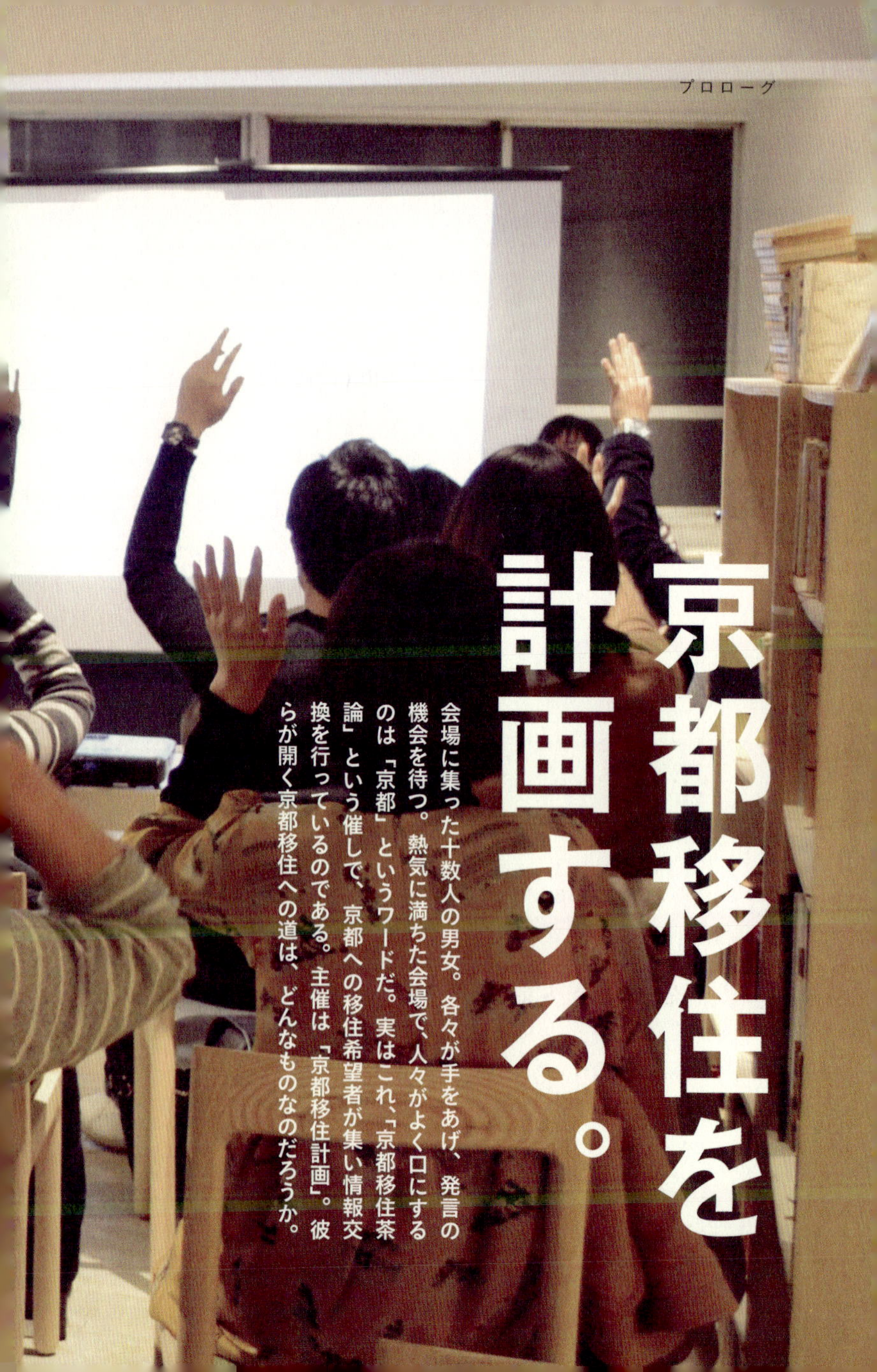

京都移住を計画する。

会場に集った十数人の男女。各々が手をあげ、発言の機会を待つ。熱気に満ちた会場で、人々がよく口にするのは「京都」というワードだ。実はこれ、「京都移住茶論」という催しで、京都への移住希望者が集い情報交換を行っているのである。主催は「京都移住計画」。彼らが開く京都移住への道は、どんなものなのだろうか。

京都移住計画 代表
田村篤史（たむら・あつし）

京都生まれ。大学在学中にPRや企画を行うベンチャーにて経験を積み、卒業後は海外放浪の末、東京の人材系企業に就職、2012年4月に退職。京都へUターンし、「京都移住計画」を立ち上げる。

「京都移住計画」とは？

人々の興味を惹きつけてやまないこの街、京都。全国から年間5千万以上もの人が訪れている。しかし、観光では何度も来たことがあり、また「一度は京都に住んでみたい」という憧れを持つ人は多いにも関わらず、それを実現する人は本当にごくわずかだ。理由は十人十色だが「京都でちゃんと仕事が見つかるんだろうか」といった不安や「年齢的にもう、今住んでいる場所を捨ててまで京都に行くべきではないんじゃないか」といった、うしろむきの気持ちが実現を空想だけに終わらせてしまっているのではないだろうか。

僕が代表をつとめる「京都移住計画」は、そんな人の背中を押すために作られた団体だ。主な活動は、「facebookやWebサイト上での情報発信である。京都へ移り住むうえで見逃せない季節の催しやイベントの解説、京町家などの京都らしい物件、あるいは変わった物件を取り扱う不動産屋さんの紹介や、京都にこだわった求人情報の公開などを行っている。

また、実際に京都に移住した人と、これから移住したい人たちがひとつの場所に集まって、ワークショップや講義、ゆるゆるとしたお酒の席などを通じて、互いの移住に関する情報を交換する「京都移住茶論」というイベントも、京都と東京で定期的に開催している。

元々、京都移住計画は、京都ではなく東京で産声をあげた。僕を含めた京都出身の人たちと、京都出身ではないが京都に縁があったり、ただ単に京都が好きでたまらない、といった人たちで小規模なグループを作っていたのだ。「いつかは京都に移り住みたい」という共通の思いをかたちにするため

「京都移住計画」の活動

京都移住希望者を支援する。

1 交流の場を開設

「京都移住茶論」という、京都在住者と移住希望者との交流サロンを月に1回のペースで開催している。Web上では交流サイトを開設。希望者に住宅物件情報などを発信している。

2 生活情報の発信

「京都移住計画」を通じて京都移住を果たした人々のリアルな生活情報をWeb上の交流サイトで随時発信している。実際に住むことでしか得られない情報や魅力などを伝えている。

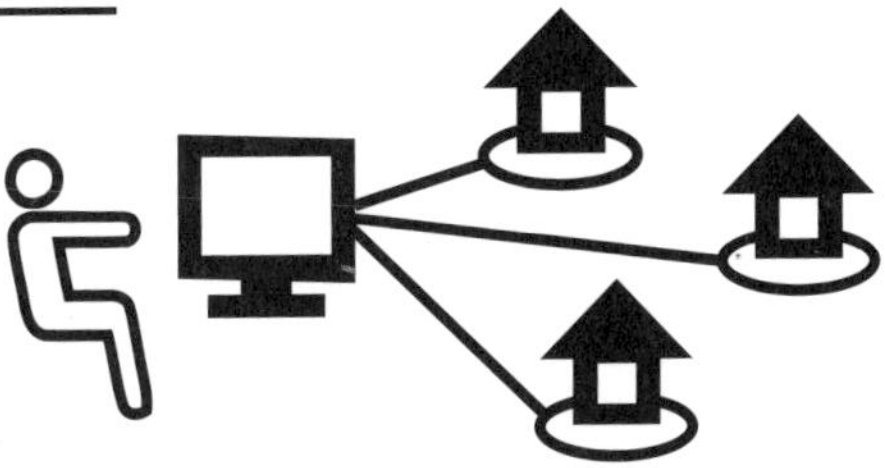

に、お互いがささやかに情報を集めては共有していた。

　2012年、僕は念願かなって京都にUターンすることができた。それからは同じように京都にUターンしてきた人やIターンしてきた仲間たちと、東京にいたころと同じように交流していた。しかしいつのまにか「京都に住んでみたいんだけど、住むにあたってなにかアドバイスをくれないか」や「京都に住もうと考えているが、家や仕事をどうやって見つけるか教えてほしい」といった声が僕のまわりに集まってくるようになってきた。次第にその声は大きくなっていき、当初のサークル的な規模ではできることに限界がでてきた。そこでもっと大きな規模で、たくさんの人に向かって、京都移住への情報発信を行おうじゃないか、とできあがったのが、現在の京

いか、とできあがったのが、現在の京都移住計画である。

　まだまだ生まれてヨチヨチ歩きの団体だが、京都移住計画だからこそできることもあるはずだ。たとえばそう、実際に京都に移住してきた人たちの声を届けることもそのひとつだろう。

　京都移住計画を通じて京都に移り住むことができた十人の人たち。彼・彼女たちは、京都に住みたいと考える多くの人たちと同じように、不安や心配を抱えていた。しかし、彼・彼女らはそこから一歩踏み出し、現在は京都で暮らしはじめている。その声はきっと、京都移住を考える人々にとって、なによりのアドバイスとなるだろう。もしかしたら、抱える不安や心配を吹き飛ばしてくれるかもしれない。その際は、ぜひ京都移住計画に相談を。

京都移住計画

Kyoto migration project

京都移住計画 1

人との繋がりがみちびく京都生活

上京区・西陣 <<< From Hyogo

山元 康弘 さん （ゲストハウスオーナー）

サラリーマンを辞めて

山元康弘さんの住まいは、京都御苑から徒歩10分ほどの住宅地にある築90年の京町家。長らく空き家だったその物件を借りて改修。主に外国人向けの「Oil Street Guest House and Space」という1日二組限定のゲストハウスを2013年開業。職住一体の暮らしを楽しんでいる。

「海外旅行が好きで、外国人と喋るのも好きだったから、受け入れる側になったら毎日旅行気分でいられるんじゃないかなって。お客さんだけでなく、京都は普段街を歩いても外国の人に会うし、最初の期待通り、旅行気分を味わいながら生活ができていています」

充実した毎日を送っている様子の山元さんだが、かつては「100％ネガティブ」なサラリーマン生活を送っていた。「上司とうまくやるのがどうも苦手で、いつかはこの状況から抜け出さないといけないという危機意識をもっていました。それ以前に、単純にサラリーマンを一生続けるのはどうかなとも思っていて、次にやるなら自分の時間を作れるような自営業がいいなと。移住計画の原点はそこですね」

そうしてゲストハウスの構想を練りはじめたのは、退職の2年前にあたる2010年ごろ。「40歳までに軌道に乗せる」ことを目標に、計画を具体化していき、結果、38歳で京都への移住と起業を実現した。しかし、そんな重大な決断をするにあたって、山元さん自身に不安はなかったのだろうか。また、周囲の人たち、とりわけ奥さんの反対はなかったのだろうか。

「いい物件が見つかるかどうかが、不安といえば不安でしたね。ただ、これ

やまもと・やすひろ

兵庫県伊丹市から、上京区の閑静な住宅街に移住。築90年の町家を借りて改修。ゲストハウスを開業し、自身もそこに暮らす。

ばっかりは縁なので、腰をすえて探すほかないと思っていました。周囲の反対はありましたよ。母親は僕が会社を辞めることに反対でした。この先、大丈夫なの？　って。そこを乗り越えられたのは、一番身近にいる妻が賛成してくれたからこそ。もし妻にも反対されていたら、多分やらなかったと思います」

京都で見つけた理想の物件

サラリーマン生活に終止符を打ち、新しい人生を切り開くために、新天地探しをはじめた山元さん。はじめは「水辺に近い場所」を念頭に、沖縄や和歌山などを候補地に考えており、京都という選択肢は元々なかったそうだ。

「生まれ育った神戸も海の近く。昔から海や川で遊ぶのが好きだったので、水辺の近くに住みたいというのがありました。そこでゲストハウスができたらと考えていたんですが、現実問題として年間を通じてお客さんが来てくれる場所はそうそうない。じゃあどこがいいかって改めて考えたときに、10年ほど前、友人を訪ねて行った京都のことが浮かんだんです。一番印象に残っていたのが、鴨川の風景。川べりを金髪のお姉さんがジョギングしてたり、外国人の家族連れがサイクリングしてたり……。京都の人にとっては日常かもしれないけど、僕はこんな外国みたいな環境が日本にあるんだって感動したのを思い出しました。鴨川というすてきな水辺があること、そして古都ならではの観光資源が豊富であること。その二つがそろった京都でなら、自分の理想に近い暮らしができるのではないかと思い、京都に住みたいという気持ちがどんどん高まっていきました。ただし、京都に骨を埋めるという

物件データ

○間取り　／4K
○家　賃　／ヒミツ

西陣にたたずむ1日2組限定のゲストハウス。町家のテイストを残しながら、やわらかな木の空間が広がる。広々としたスペースを利用してパーティーやワークショップなども開催されている。今後はさらに地域との交流を図れる催しを企画中。

ほどの覚悟はなくて、兵庫県伊丹市の自宅と同様に、拠点のひとつと考えています。物件を『賃貸』に絞ったのも、そうした理由からです」

こうして山元さんは会社を辞めてすぐに本格的な物件探しを開始。「せっかく京都に住むなら町家」「鴨川に近く、交通機関のアクセスもよいところ」というシンプルな条件設定のもと、探しはじめてわずか数ヵ月で理想的な物件にめぐり会えたという。

「知人から紹介された『町家倶楽部（※①）』という純民間ボランティア団体にお世話になりました。担当の方は、約20年にわたり町家を探す人と町家の大家さんとを引き合わせる仲介役をされています。仲介料などの料金は発生せず、契約交渉は大家さんと居住者本人のあいだで直接執り行う仕組みです」

しかし、ひとくちに町家の大家さんといっても十人十色。大がかりな改装や事業を行う人には貸さないといった細かい条件が提示されるケースも珍しくない。ゲストハウスを開くという山元さんに対して、大家さんが難色を示すなど、交渉における苦労がなかったのかを聞いてみると、「幸いなことに理解のある大家さんで、条件はただひとつ。『ご近所の方と仲よくすること』だけでした」とのこと。ひとりでゲストハウスを切り盛りするのに適した広さ、家賃、立地のバランスのよさも、大きな決め手になったという。

移住のプロセスで培った、人の縁

物件探しの次に取り組んだのは、ゲストハウスのレイアウト作り。営業許可を得るためには、個人の住まいと

※① 町家倶楽部

西陣を拠点に、町家の物件紹介や修理・改修の相談から、町家を使った有効手段の提案などを行う団体。

違って、消防法などをふまえた動線や水回りの配置を考慮したプランを詳細に描かなければならない。「建築条件を満たすレイアウトをすり合わせて、自分がしたいレイアウトと、かれこれ半年くらいかかりましたが、大家さんがそのあいだ、契約を待ってくれたので助かりました。いざ借りてから営業許可が下りないでは元も子もないですから」。

試行錯誤をしながら完成させたレイアウトを『町家倶楽部』で紹介された大工さんに託し、いよいよはじまった改装工事。伊丹の自宅と現場を行き来する日々のなかで、大工さんから、大家さんが唯一提示した条件「ご近所の方と仲よくする」コツを教わったという。

「たとえば、『工事遅くまでがんばってはったね』という言葉には、『うるさかったで』という意味が込められて

いるとか、挨拶回りのタイミングだとか、京都のしきたりについて、いろいろなアドバイスをもらいました。移住前に、地元の人との縁ができたのは、すごく心強かったです」

改装工事を終え、ゲストハウスの開業を目前に控えた山元さんは、町内の要請により質問会を開くことに。そこでいきなり突きつけられたのは、多くの不安の声。「外国の人が客室の窓から屋根を伝って侵入してくるかも!」といった、ありえないと思うようなことも。「何かが起こってからでは遅い!」と外国人宿泊客に対する警戒心の強さは想像以上だったという。

「京都の人は外国の人に慣れているイメージでしたが、実は街ですれちがうのと自分たちの生活エリアにとどまるのとでは全然ちがうんだと思い知りました。そのときはご意見をうかがう

人脈を広げるには、能動的に動くことが大切

ことしかできず、実際にお客さんを迎えるようになってから、『昨日はうるさくしてすみませんでした』とか、『こういうことをしようと思うんですけど、構いませんか』とか、一つひとつご近所に確認して回り、少しでも不安を取り除けるよう心がけています」

縁を育む、暮らしのあり方

本格的に移住生活をはじめて半年余り。ご近所との関係構築だけでなく、ゲストハウスの経営に関しても、「まずは1年を通してやってみないと、わからない」のが正直なところ。それでも今後の課題は、すでに見えている。

「まず、ゲストハウスの一階部分をもうちょっと活用していきたい。これまでヨガのワークショップや小さなコンサートを単発で行ってきたんですけど、さらに催しのバリエーションを増やして、シリーズ化できそうなものを根付かせ、お客さんはもちろん、ご近所さんにも気軽に来てもらえる場にしたいんです。そのためには、人脈を広げていくことが大事になってくると思います。とくに京都では」

山元さんが人脈の重要性に触れたのは、オープニングパーティでのこと。京都で開業した友人が事務所開きの際に利用したというケータリング・サービスに依頼をし、何気なく友人の話を切り出したところ、その相手は「昔からお世話になっているんです」と喜んで、酒屋さんならここがいい、氷ならここがオススメと、ゲストハウス運営に役立つ情報を進んで提供してくれたそうだ。「京都では、〝だれだれの紹介〟が非常に大きな意味をもっていて、それをきっかけに縁を繋げていくと、自分にとってプラスになる何かが返ってくる」と、山元さんは感じはじめている。

「人脈を広げるには、やっぱり能動的に動かないと。まだ十分に実践できていないのですが、いろんな場所に出かけたり、飲み友だちを作ったりして、地元の情報を蓄えていきたい。そうすれば、お客さんに対して有意義な情報を提供できるでしょうし、プライベートもより充実したものになっていくはず。これも大きな課題のひとつであり、個人的な楽しみでもあります」

物件探しにはじまって、改修工事、ゲストハウスの開業にこぎつけるまで、さまざまな人たちと出会い、京都の姿を知ることとなった山元さん。出会いから学んだ「縁の大切さ」を心に携えて、きょうも京都生活という無期限の旅を続けている。

3 山元康弘さんに つのシツモン

Q
京都の一番のオススメスポットはどこですか？

A 鴨川（賀茂川）

生まれ育った神戸が海の近くだったことから、やっぱり水辺で暮らしたいと思っていたので。

Q
京都に暮らしてみて不満はありますか？

A まわりの目が気になる

意識し過ぎているだけかも知れませんが、まわりの目が気になります。「顔と腹が違う」と言われがちな京都人のなかに住むのは、まだ少し気を遣います。

Q
移住者へのアドバイスはありますか？

A 人脈づくり、情報収集のアンテナを常に張っておくことです

町家に暮らす場合はとくに、地域の活動に参加するなどして、ご近所の方々とふれあう機会をなるべく作った方が暮らしやすくなりますね。

京都移住計画 2

私を認めてくれる多様な価値観がある

左京区・一乗寺 <<< From Tokyo

田淵 萌さん（アルバイト）

"3・11"がもたらした初めての東京不信

2013年2月、26年間暮らした東京から京都へ移り住んだ田淵萌さん。当初は東京と京都を月1、2回のペースで行き来していたが、「体力と気力の限界」を感じ、また「地に足をつけて暮らしたい」という思いも深まって、半年あまりで京都暮らしに完全シフトした。

そもそものはじまりは、前年3月に起きた東日本大震災だった。当時は世田谷に住んでいて、「あの震災にあうまでは自分は何があっても大丈夫、なんとかなると思っていました。でも、そうじゃなかった。怖くて友人に会いたくなりました。だけど、みんな何駅も離れたところにいるからすぐに会えなくて。昔から何の疑いもなく過ごしていましたが、はじめて東京が嫌になりました」。

当時、東京にいながら同じような感情を抱いた人は少なくないだろう。とはいえ、すべての人が東京を離れる決断を下せるわけではない。それまでに積み上げてきた生活があるからだ。もちろん、田淵さんにもあった。当時はカフェやコンビニでアルバイトをしながら、仲間とともに立ち上げた、イベントやワークショップを運営する組織の活動をしていた。「美大を卒業後、出版社に就職したけど、仕事に全然興味がもてなくて退職。お金にならなくてもいい、本当に自分がやりたいことに打ち込もうと思って、活動してました。とにかくおもしろかったんです」。

安定した職を捨てるほど、その活動にのめり込んでいた田淵さんだったが、震災を境にモチベーションを維持

たぶち・もえ

東京都あきる野市出身。震災・原発事故を機に長年住み慣れた東京を離れて京都に移住。食にまつわる仕事をしながら知識をたくわえ、農場運営・野菜作りという夢の実現に備える。

するのが難しくなったという。「前は大きなプロジェクトがあると素直にやりがいを感じていたのに、テンションがついていけなくなり、周りとのズレを感じるようになりました。私はもっと自分の手の届く範囲の物事に向き合いたいと思うようになってきたんです」。

東京に住み続ける意味が薄れていくなかで浮かんだ「移住」の二文字。それでも、「東京で得たものを大切にしたい」「仲間に迷惑をかけられない」という思いもあり、東京に拠点を残したまま、京都へ移住する二拠点スタイルを考えつく。

「でも結局、拠点をしぼりました。一緒に仕事してた仲間とは、うまく意思疎通できないまま、京都にきてしまったので、心残りはあります。けど後悔はしていません。東京以外のステキな場所を知ってすごく勉強になったから。東京の仲間とはいつかまた一緒に仕事をする機会をもてたらと思います」。ほろ苦い経験を乗り越えて、田淵さんは自分らしく生きる道へと舵を切った。

格安シェアハウスを拠点に コンパクトな街のよさを実感

移住を計画した当時、二拠点スタイルを念頭に置いていた田淵さんが移住先に求めた最大のポイントは、「東京へのアクセスのよさ」。京都のほか各地域を探したという。その中からさらに絞り込みを行った際の条件は、「半分都会、半分田舎」というものだった。

「大阪や名古屋は人口密度が高くて東京と変わらないし、かといって田舎すぎると、若者の移住に過剰な期待をされたら、それはちょっと重いなと。

物件データ

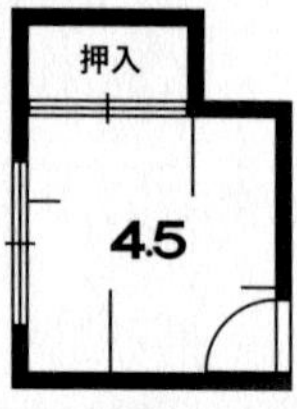

○間取り ／ 1R＋共同スペース
○家　賃 ／ 10,500円

一乗寺の東にある一軒家のシェアハウス。山々が目の前に広がり、畑や田んぼも多い地域だが、自転車で10分もすればカフェや本屋に行ける便利な場所だ。

そういう意味で京都の都会と田舎のバランスは絶妙でした。センスのいいカフェや本屋さんもあるので、ほっとしますす。カルチャーに触れたいときに触れられる、自分にとって望ましい環境だと思いました」

最後の一押しは、〝同志〟との出会い。「震災を機に移住した人がすでにたくさんいて、京都でネットワークができていたんです。その人たちと話していると、東京では少数派だった自分の感覚とびっくりするくらい合うんですよ。その人たちがいる心強さもあって、京都に住もうと決めました」。

ほどなくして家探しに取りかかった田淵さん。移住のことを相談した友人のつてで不動産屋を紹介してもらい、「家賃3万円以下」のリクエストをしたところ、現在の住まいが見つかった。場所は左京区・一乗寺のはずれの山肌にたたずむ、古い一軒家を活用したシェアハウス。男女総勢八人暮らし、バス・トイレ共同、個室にタンス付きといった環境で、月々の家賃はなんと1万円。しかも、光熱費・通信費込みという型破りな希少物件である。田淵さんは迷わず入居を希望し、住人との面接を経て、晴れて移住を果たした。

「もともとシェアハウスに住みたかったので、抵抗はありませんでした。みんなおもしろい人だし、楽しいです。親は『お風呂のある家に引っ越しなさい』って嫌がるけど、私はこれで十分。ボロいけど、風情があるんですよ」

移住後の暮らしでは、友人から2千円で譲り受けた自転車が大活躍。買い物へ行くにも、友達と会うにも自転車でこと足りる。東京とはちがうコンパクトな街のよさを実感したという。「街の規模が小さいと、人との距離も縮まりますね。シェアハウスを決めるときもそうでしたが、京都の街は必要な人とちゃんと出会えるようにできてる。それに、お寺や神社みたいな〝街のすきま〟が多いのもなんだかほっとします」。そう話す田淵さんの表情には、東京にはなかった暮らしの豊かさを自分の手でひとつずつ拾い上げてきた充足感がにじむ。

京都生活で見えてきた自分の生きたいスタンス

東京で暮らしていたときから食への関心が高かったという田淵さん。現在は有機食の流通に関わる仕事をしながら少しずつ知識を深めている。同時に品物の動きにも注目し、売れるための伝え方を工夫するなど、販促のプランを練ったりもしているそうだ。そんな

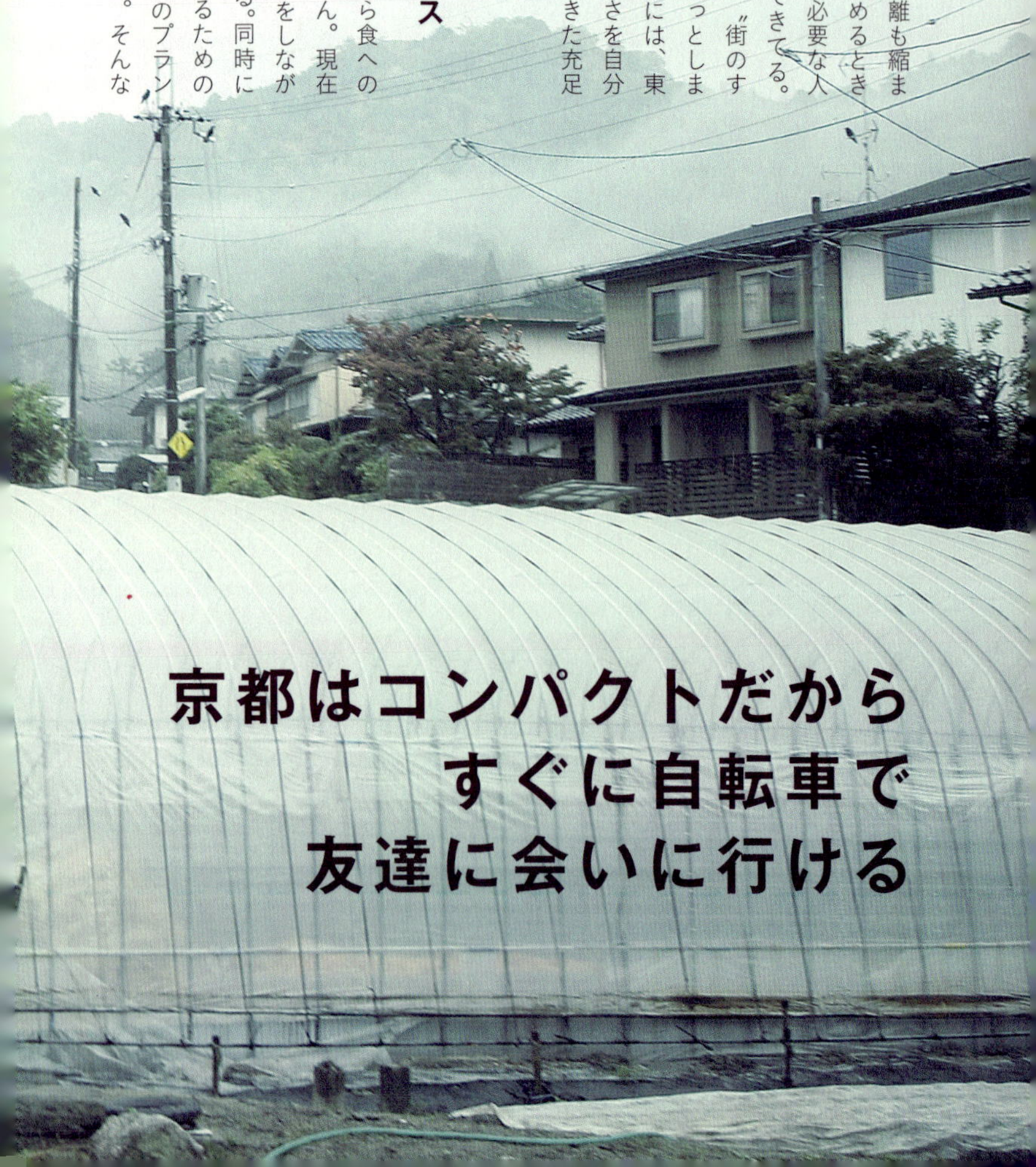

京都はコンパクトだから
すぐに自転車で
友達に会いに行ける

仕事が今、「めっちゃ楽しい」という。「東京での活動に比べたら規模はすごく小さいけれど、やっぱり自分から何かを発信していくのは楽しいですね。これからもっとその力を鍛えていきたい」。

そうした今の暮らしは、密かに思い描く将来に向けての〝支度〟なのだとか。「いつかはわかりませんが、祖父母の畑がある鳥取で農業をしたいんです。野菜を作る人になるのか、売る人になるのか、京都にいながらしばらくは手さぐり状態ですね。東京では自分に知識と経験がないばかりに、震災に動揺してしまいました。食についての知識を身につけるのと、畑での経験を積んでいきたいです。鳥取の祖父母から野菜の作り方を学べば、どこでも生きていけるじゃないですか。それに、鳥取のように田舎だからこそ価値

のある良いものがたくさんあるということを伝える人にもなりたい」と、京都へ来る前には漠然としていた将来の田舎暮らしのイメージも固まりつつある。

新たな目標をもてたこと以外に、移住後の変化を聞くと、たとえば、目の前においしいものが二つ出された場合、以前の田淵さんなら「両方食べた」のに対して、今は「どちらかを選んで食べる」ときっぱり答える。「年齢のせいもあるかもしれないけど、京都では暮らしそのものが洗練されていく気がします。自然や景観を大切にしているように、人間だけの都合じゃない価値観がいっぱいある。だから私も自分の価値観や大事にしたいものが自然と見えてきたのかも」。その結果、自ら何かを発信したいという基本の軸はそのままに、「無駄に手を広げず、人と自然に寄り添って暮らす」という生き方を選択することができたのだろう。

「多分京都にずっとはいられないけど、ここに住んでいるあいだに多くの経験を積み、人とのネットワークを自分の中に蓄えていきたい」。自身を頑固者だという田淵さんはおそらく一度決めたことを曲げず、いずれ京都を去って行く。彼女にとって京都とは、進むべき道を指し示す羅針盤なのかもしれない。

田淵萌さんに3つのシツモン

Q
京都の一番のオススメスポットはどこですか？

A 鴨川

定食屋もよく行きます。「ヘルプ」というスーパーや、「こせちゃ」というパン屋さんも良いですね。

Q
京都に暮らしてみて不満はありますか？

A とくになし

しいて言えば、車で来た人を案内しにくいことですかね。

Q
移住者へのアドバイスはありますか？

A 協力者を見つける

親でも友人でもいいので、気持ちを理解してくれる人がいたら、遠慮せずに協力の申し出を。きっと何かの力になってくれます。

京都3移住計画

恋愛からはじまる京都移住のカタチ

右京区・鳴滝 <<< From Aichi

伊藤 裕也さん（Web制作会社勤務）
愛 さん（美容師）

京都移住の伏線は、二人の出会い

２０１３年は伊藤裕也さん、愛さんにとって人生の門出の年。４月に名古屋から京都へ移住、さらに７月には入籍をし、晴れて夫婦となったのだ。

もともと裕也さんは静岡県、愛さんは福岡県の出身で、それぞれ10代のときに進学や家庭の事情で名古屋で暮らしていた。知人を介して知り合った二人は、２００９年の晩秋、はじめてのデートに出かける。行き先は愛さんの「紅葉が見たい」というリクエストにより京都に決定。それまでにも、京都が好きで年に何度も訪れていた愛さんに対して、「学生のころ修学旅行に行ったきり。全然興味がなかった」という裕也さんだったが、「紅葉はもちろん、町並みもきれいでいい所やなぁ」と感動したそう。そして、その日を境に交際を本格スタートさせた二人にとって、京都は特別な場所になっていく。

その後も交際は順調に続き、「いつのまにか同棲していた」二人。当時Web制作会社のエンジニアとして働いていた裕也さんは仕事で徹夜が続くことも珍しくなく、美容師の愛さんに会うこともままならなかったという。互いに多忙な日常を送りながら、月に一度、デートをするのが精一杯。そんな生活が2年ほど経ったころ、県外へ引っ越す話がもち上がったという。

「まず僕の方が、さすがにこんなに時間がとれないのは嫌だなぁ、と思うようになって、転職を意識しはじめたんです。彼女と相談してたら、別に名古屋じゃなくてもいいよねって」（裕也さん）

「じつは将来的に名古屋を出たいと

いとう　ゆうや・めぐみ

名古屋から思い出の地である京都に移住し、京都でめでたく結婚。裕也さんはWebコンテンツ制作、愛さんは美容師として働いている。

いう話は、付き合いはじめてまもないころからしてたんです。昔住んでいた福岡の、人と人との繋がりが濃くてオープンな感じが好きだったので、心のどこかでそんな土地を求めていたんですよ。彼も理解してくれたので、名古屋を出る方向で進みました」(愛さん)

ところが、引っ越しに向けて意気込んでいた矢先に、思いがけないトラブルが発生。それを解決するために、1年の時間を要した。そして、やむなく立ち消えた引っ越し話を再開させる時機が到来した。

京都移住茶論が背中を押してくれた

脱・名古屋を目指して、二人がまず取り組んだのは、移住候補地の検討を兼ねた国内旅行。京都、奈良、横浜、鎌倉、沖縄…。いろいろな街を見て回った結果、京都と鎌倉の二つが候補地に残ったという。京都を選び取った決め手は何だったのだろうか。

「僕の興味のあるセミナーが京都であったので何度か行くついでに、Web関係の人が集まるイベントをのぞいたことがあったんです。そこでたまたま京都移住計画のメンバーの方に出会い、京都移住茶論(※①)のことを教えてもらって、後日彼女と一緒に参加しました。今思えば、それが大きな決め手でしたね。もし参加していなかったら、こんなに早く踏ん切りがつかなかったかも」(裕也さん)

「茶論には京都へ移住した人がたくさん来ていて、その方たちと打ち解けて話ができたので、これなら二人で越して来ても知り合いを作って、なんとかやっていけそうだなって。話を聞くうちに京都は閉鎖的だという勝手なイメー

物件データ

○間取り / 1DK
○家　賃 / 68,000円

閑静な住宅街がひろがる右京区・鳴滝のスタイリッシュなマンション。部屋に仕切りがないので、おだやかに互いのプライベートが重なりあう。歩いて5分、走って2分で駅にたどり着ける駅近の物件で中心街へのアクセスもしやすい。

ジは払拭されましたね。地域ごとの特色なども詳しく聞けて、終わったころにはもう京都に住む前提で『左京区がいいよね～』なんて話していました」（愛さん）

京都行きを心に決めた裕也さんはただちに退職手続きを取って、当面はフリーランスで活動することを決断。名古屋の知人から京都でもできる仕事を紹介してもらうなどして、「暮らしの目処が立った」からだ。それからまもなく、愛さんも勤め先の美容室を辞め、名古屋生活に区切りをつけた。身辺整理の傍ら新居探しにも精を出し、2013年4月、二人はついに京都移住を果たした。

京都で見つけた新たな二つの場

現在、二人は右京区鳴滝にあるワンルームマンションで暮らしている。新調したソファを配した、広く快適な空間だ。それにしても、京都移住茶論に参加した段階では、左京区が最有力だったはずだが……。

「京都移住計画の人からフラットエージェンシー（※②）という不動産屋さんを紹介してもらって、『左京区を中心に、なるべく静かな所で』とお願いしていました。それで今住んでいるこの家と左京区の二軒くらいが候補に残ったんですけど、なぜここに決めたかというと、彼女の『ここが好き』の一声があったから。そのときはまだ転職先が決まっていなかったし、一応近くに嵐電（※③）も通っているので、アクセス面はあまり気にせず、彼女の気持ちを尊重しました」（裕也さん）。新居の住み心地を愛さんに聞いてみると、「まわりも静かで、ほんと

※① 京都移住茶論

京都移住計画にて定期的に行われる、移住希望者と移住者との交流会。詳しくはp4を参照。

※② フラットエージェンシー

京都を中心に6店舗を展開する不動産屋。詳しくはp108を参照。

※③ 嵐電

京都の西を走るローカル線。四条大宮駅～嵐山駅、北野白梅町駅～帷子ノ辻駅を結ぶ。京都で唯一、路面を走る区間がある。

にいい所。覚悟していた夏の暑さも、意外と平気でした」とご満悦だ。

引っ越しから半年余りのあいだに、それぞれ新しい職場も見つけている。裕也さんの方は、西大路七条に本社を構える「㈱八代目儀兵衛（※④）」という老舗米穀店の八代目が立ち上げたベンチャー企業。自社で厳選した米の小売・卸を主軸に、米をメインに据えた飲食店経営事業や農業事業などを幅広く展開する会社で、裕也さんはこれまで培ってきたITスキルを活かし、各種Webサイトの制作および維持管理などを行う部門で働いている。また、会社の取り扱う商品についての勉強も怠らない。今は「三ツ星お米マイスター」取得にはげんでいる。

「会員登録していた転職サイトを通じてオファーが来て、〝八代目〟ってついてるから歴史がありそうだなって、

京都は、日本人としての誇りを大事にする精神性を感じる

わりと簡単に入社を決めちゃいました。早く収入を安定させたかったのもありますが、会社に属することで、京都のより深いところにコミットしたいという思いもありました」（裕也さん）

一方、愛さんは通りすがりに見つけた美容室に飛び込みで入ったところ、即採用というラッキーな展開だ。募集の告知もしていない美容室だったにも関わらず、店の人たちは「あなたのような人を待っていた」と快く迎え入れてくれたというウソのような本当の話。「四人でこじんまりとやっているお店なので、すごくアットホームで居心地がいい。仕事終わりに飲みに行ったりして、すっかり仲よくなりました」と、働く環境に恵まれた喜びを語る。

IT技術者と美容師。いずれも特定の土地に縛られない技能職であったことも、移住計画に弾みをつける大きなポイントといえるだろう。もっとも、人口の少ない地域だったなら技能を発揮する場は容易には見つからなかったはずだが、その点京都は「都会すぎず、田舎すぎず」の好バランス。二人にとって絶好の新天地だった。

人と街に宿る精神性

毎年、交際記念日には京都へおもむき、街の様子をよく知っていた二人だが、毎日暮らすことによって一時的な滞在では見えなかった、京都の奥深い魅力を発見することができたという。

「ちょっと本屋にでも行こうと思っ

※④ ㈱八代目儀兵衛

西大路七条に本社を構える老舗の米屋。米の販売事業だけでなく、祇園に料亭を構えたり、Webコンテンツの制作を行うなど、新事業への挑戦を続ける。

て歩いていたら、急に古いお寺とかに出くわすじゃないですか。日常のなかに非日常がある。そういう感じは名古屋ではまったくなかったので、すごくおもしろいですね。それから、人にも魅力を感じます。話をしていると、当たり前のように伝統や文化といった言葉が出てきて、自分たちが守るべきもの、日本人としての誇りみたいなものを大事にする精神性がひしひしと伝わってくるんです。仕事においても単に目新しいものを追い求めるのではなく、まず過去を振り返って、そこに息づいているものを現在あるいは未来に繋げるという作業が日常的に行われていて、そういう人の営み自体に京都の歴史を感じます。やっぱり都が置かれたことや、戦争で焼けなかったことが影響しているんでしょうか」(裕也さん)

そんな重厚な歴史を背負う京都の街で、夫婦の新しい歴史を紡ぎはじめた裕也さんと愛さん。京都の風格たるものを日々感じながらも、「海老芋、まだ食べてないね」「焼き肉屋さんも開拓しないと」などと、無邪気に語り合う姿に気負いはまったく感じられない。今では移住の発端となった裕也さんのオーバーワークも解消され、帰宅後、夜に夫婦で嵐山まで片道15分のサイクリングを楽しむこともあるそうだ。そう、嵐山は二人が初めてデートをした思い出の場所。過去を大切にしながら、未来に向けて新たな暮らしを創造してきた二人の生き方は、まさに京都的といえるのではないだろうか。それを無意識にやってのけてきた二人だから、こんなにも自然体で暮らせているのかもしれない。

3 伊藤裕也さん・愛さんに つのシツモン

Q
京都の一番のオススメスポットはどこですか？

A 嵐山、京都御苑、京都国際マンガミュージアム、三十三間堂など

はじめて京都に来たときにデートした場所が嵐山なので、やっぱり思い入れがあります。

Q
京都に暮らしてみて不満はありますか？

A 市内からは海が遠い

潮風に吹かれながら水平線を見たくなる日があるので、そんなときは海が恋しいですね。

Q
移住者へのアドバイスはありますか？

A どんどん移住者と交流しよう

京都移住茶論などの交流イベントに参加し、移住経験者に直接、地域ごとの違いやその他不安に思っていることを相談するのがオススメ。

京都移住コラム 1

京都に住まなきゃできないコト。

観光客でいるあいだは、決して本当の京都のおもしろさは味わえない。昼前には売り切れてしまうパンを朝イチで買いに行く、終電発車後にはじまる祭に参加する。移住したからこそ楽しめる、京都のちょっとディープな楽しみ方を紹介しよう。

パンの聖地、京都の
おいしいパンを毎日たべる

京都はパンの消費量が全国トップクラス。街を歩けばいたるところにパン屋さんが軒を連ねていて、おいしい香りを街に振りまいている。ぜひお気に入りのパン屋を見つけよう。

パン

たとえば北山の名店「Radio Bagle」のベーグルサンドをほおばる。

マイナーな祭を体感する

祇園祭だけが京都の祭ではない。夜通し念仏を唱える知恩院の「ミッドナイト念仏」や法界寺の「裸祭」など、マイナーな祭を体感して、京都通になろう。

祭

京都三大奇祭のひとつ「鞍馬の火祭」。圧巻の光景だ。

ミネラルウォーターとおさらば

神社仏閣の境内など、清浄な湧き水が出る井戸が京都には多数存在する。持ち帰り可能な場所も多いので、これで水を買う必要はなし！　水によってはご利益を得られることも。

こんこんと湧き出る清く冷たい水でのどをうるおそう。

水

京野菜

畑の近くにはこうした野菜の無人販売所も見受けられる。

京野菜を手軽に食卓へ

上賀茂・大原エリアは野菜の名産地。農家直営の野菜の販売所や、毎週日曜に大原で開催されている朝市に足を運べば、とれたて新鮮な野菜を気軽に楽しむことができる。

移動手段を自転車にする

オススメはクロスバイクやロードバイクなどのスポーツサイクル。

車が入れないような細い道が多い京都の街。オススメの移動手段はだんぜん自転車。小回りが効くので、街のスキマに隠れたお店を見つけやすい。

自転車

カフェ

元田中にある「cafe ZANPANO」の店内。窓からの景色が心地よい。

カフェ文化の神髄に触れる

まだ日本でカフェが一般的でなかったころから、京都ではいち早くカフェ文化が花開いた。いまも街中から郊外まで、魅力的なお店が盛りだくさん。休日はカフェめぐりをしよう。

桜や紅葉をひとりじめ

観光客と違って、住んでしまえばいつだって桜や紅葉を見に行くことができる。人のまばらな早朝を狙えば、絶景をひとりじめすることも可能。

朝の神社仏閣は空気も澄み、
花がいっそう美しく見える。

商店街を日々の台所にする

大型スーパーもあるものの、毎日活気に溢れているのが商店街。買い物がてらお店の人に話しかけて、交流をはかってみよう。仲よくなればオマケをしてくれるかも？

商店街

アニメの舞台にもなった出町枡形商店街。連日地元民で賑わう。

京都らしい働き方がある

目立たないお店が百年以上の歴史をもっていたり、京都ならではの伝統産業がたくさんある。京都の土地にしかない仕事に就くことも、京都暮らしをもっと価値あるものにしてくれる。

人力車の走り手は多くが青年アルバイト。京都ならではの仕事かも。

働き方

クリエイティブ

百万遍の手づくり市は、京都のクラフト作家の登竜門となっている。

京都のクリエイティブに触れる

手づくり市やクラフトイベントがあれば足を運んでみよう。アクセサリーや食器、洋服など、さまざまなジャンルの作家たちが作った魅力的な作品と出会える。

京都4 移住計画

躍動感にあふれた住み飽きない街

東山区・清水五条 <<< From New York

真鍋 量さん（翻訳者）

アメリカで12年 次に目指した街は京都

香川県に生まれ育ち、高校を卒業してすぐに渡米。その後ニューヨークでの7年を含む12年間をアメリカで過ごした真鍋さん。グローバルな感性と視野をもつ彼が、次の生活の地に選んだのは京都だった。

「小さいころから外国の文化に興味がありました。日本人特有の集団行動が苦手で、また知識をため込むだけでなく、それを活かすノウハウが得たいと思い、高校卒業後にアメリカの大学へ進学しました。最初は一般大学に入学しましたが、3年目に美術系の大学に編入。合計5年間大学に在籍しました」

卒業後は、大学の講師がアート雑誌の編集長だった繋がりから、雑誌編集者としてニューヨークのブルックリンで6年間働いた。

「アメリカの就労ビザは、学士号以上の学位または同等の専門知識をもち、その人の特殊技能を必要とする分野で働くことが条件です。その期間が6年間。満期までに、グリーンカードなどほかの滞在資格に切り替えるか、アメリカを離れるかという選択を迫られるんです。グリーンカードは永住権のことなので、それを取得するにはアメリカ永住の意志が前提となります。当時の生活に何ひとつ不満はありませんでしたし、むしろ一時帰国したときに日本でとまどうことの方が多く、『自分は日本人なのにどうしてだろう』というコンプレックスを感じていたほどです」

そんな状況にありながらも「新しい環境に飛び込むのが好き」という持ち前の好奇心と行動力によって帰国を決

まなべ・りょう

香川県の高校を卒業後、進学のため単身渡米。12年間のアメリカ生活ののち帰国、一時神戸で暮らし、2012年春に京都へ移住。翻訳業のかたわら、〝趣味コン〟活動に取り組み、幅広い交友関係を築く。

意した。コンプレックスがいつしか日本文化への憧れとなり、母国に帰るというよりも新しい国に飛び込んで行く心持ちで、住み慣れたアメリカを離れた。

　元々、京都が好きで、アメリカから一時帰国するたびに立ち寄っていたという真鍋さん。ときには香川県の実家に帰らず、京都だけを訪れることもあったとか。ニューヨークとは対極のイメージがある京都だが、「独立からまだ200年のアメリカとは違う、街のあちこちに歴史が息づいているところ」が、真鍋さんの琴線に触れたという。「京都はただ古いだけではなく、古さを守っていく術を持ち、古いものがいきいきとした状態で保存されていますね」。

生活スタイルを変えずに マイ京都ライフを楽しむ

帰国後、実家の香川を拠点に京都のウィークリーマンションを借りて不動産会社を回ったが、家探しはなかなかスムーズに運ばなかった。「日本の社会人としての経歴がなかったので、信用問題がネックでしたね。縁のあった神戸にとりあえず移り、一年半ほど神戸から京都に通いました」。

　その後、京都の基本知識を得ようと京都検定3級を取得し、満を持して京都に引っ越したのが2012年の春だった。

「不動産会社をいくつかあたって見つけた物件です。いろんなエリアを見て、西陣や岡崎など心惹かれる場所はたくさんありました。でも、海外に行く機会が多いことや、海外から友人が訪ねてくることを考えると京都駅に近い方が便利。それから日課のジョギングができる鴨川の付近がいいなと。

物件データ

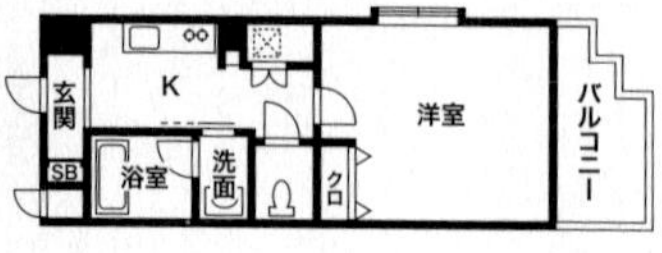

○間取り　／1K

○家　賃　／82,000円

清水五条からほど近く、京都駅にも四条河原町にもアクセスの良いマンションの一室。車の往来が激しい五条通も、道を一本入ってしまえば喧噪は届かない。
趣味のジョギングには、自宅の東側にながれる鴨川の河川敷を走るのが最適なんだそう。

ちょうど桜が満開のころで、景色がきれいで。帰り道『ここに住もう』と思い、1ヵ月後には引っ越しました」

京都での暮らしを望んでいたものの、町家などいわゆる〝京都らしさ〟に憧れたわけではなく、選んだ住まいはマンション。「自分のライフスタイルそのものを〝京都らしさ〟に合わせるのは、少しハードルが高いですよね。僕はまだそこまでの境地には至っていないので、京都に住むうちに自然と町家暮らしに合うようなライフスタイルを確立できればいいいですね」と、マイペースに新生活をスタートした。

「18歳からずっとアメリカにいたので、京都の前に神戸というワンクッションを挟んだことは結果的に正解でした。すぐに京都で暮らしはじめていたら、京都が日本のスタンダードだと思ってしまって、日本の中でも独特の文化をもつ京都のよさが見えなかったかもしれません」

仕事の方はというと、アメリカで培った英語力を活かしてフリーランス翻訳者になった。「元々、集団生活が苦手で渡米したこともあって、会社員は性に合わないだろうと思い、翻訳会社に登録して自宅で仕事をしています。その時々に抱えている仕事のボリュームや締め切りによって、生活リズムは変わります。理想としては、早起きしてジョギングに行き、朝食のあと仕事をする。ランチは寺社や鴨川沿いを散策がてら外で食べ、午後も仕事。夜は週に数回ジムに通う、そんな一日ですね」。

※① 趣味コン

趣味×コンパの略。共通の趣味や関心事をもつ人同士で集まり、交友を深めるイベントのこと。

新しいことをはじめるのに京都は理想的な街

移住した当初、京都に知り合いはまったくいなかったという真鍋さんだが、京都に来てからはじめた"趣味コン"(※①)を通して交友関係が広がった。

「特に週末の過ごし方がガラリと変わりました。あくまで一般論ですが、日本では、社会人になってから新しい人間関係を深める機会が少ないように思います。ニューヨークでは、仕事や趣味を問わず、興味のあることを学べるサークルや勉強会などのイベントがあったり、生涯学習的な場も豊富。いくつになってもチャレンジ精神をもち続ける貪欲な人が多いのだと思います。自分の身の回りにも、職種や年齢層やバックグラウンドの違う人たちが何か共通のテーマのもとに集まって交

飽き性な自分が一生住めると思ったのはブルックリンと京都だけ

流できる場があったらと思い、趣味コンをはじめました。今まで開催した趣味コンは〝ジョギングコン〟をはじめ、〝こだわり食材コン〟、〝伝統コン〟、〝ギフトコン〟、〝片付けコン〟などです」。趣味コンをはじめてから知った京都の魅力も多いと話す。「京都は街のサイズがコンパクトなので、何か新しいプロジェクトをはじめるための実験の場としては理想的です。それだけでなく、あいだにひとり介せば知り合いに出会うような密な人の繋がりも、ネットワークを広げやすいですね」。

英語が堪能でバイタリティ旺盛、世界中どこにでも移住できそうな真鍋さんに、ずっと京都に住み続ける予定なのかを聞いてみた。「それはわかりませんが、これまで34年間生きてきて一生住むことをイメージできた街は、ブルックリンと京都だけです」。その共

通点は、「自分の専門分野やこだわりをもっている人が多い」ところ。

「職人気質というか、芯があって軸がしっかりしているから、いい意味で頑固。専門知識をもっている人も多いですね。だからこそ他人に自分をさらけ出せて、いろんな話ができるんだろうと思います。ブルックリンでは家のまわりはほぼ全員知り合い。そういうところも似ています。僕も今は交友関係が広がりましたが、もし東京で暮らしていたら10年経ってもこんなに知り合いは増えなかったかもしれません」

たとえば、平安時代に建立された寺社が改修によって存続しているように、あるいは、祇園祭が昔から市民の一大イベントであり続けるように、少しずつ変わりながらも伝統を守ってきた京都。真鍋さんは人との繋がりやすさに加え、「ダイナミックさ」という街の気質もブルックリンと同じだと話す。

「長いスパンで良いモノを守っていくということは、ありのままの姿にしがみつくだけでなく、うまいタイミングで変えていくノウハウが必要です。古いものに新しい命を吹き込み続ける京都は、古くて変わらない、落ち着いた街というイメージとは正反対。世界中から最高におもしろいモノやアイデアが集まって、さらにそこから新しいものを探そうとする躍動感にあふれ、想像もつかないくらい、蓄積されてきた知恵やノウハウ、包容力のある街ですね」

真鍋さんという移住者を迎えたことで、京都にまた新しい輪が生まれ、新たな命が吹き込まれていくのだろう。そこでどんな進化が生まれるのか、期待したい。

3つのシツモン 真鍋量さんに

Q
京都の一番のオススメスポットはどこですか？

A 職人さんの技と歴史を肌で感じられる老舗

歴史の重みと職人気質に富んだ老舗が多い京都。ぜひ足を運んでもらいたいですね。

Q
京都に暮らしてみて不満はありますか？

A 銭湯の朝風呂を増やしてほしい

銭湯が好きなので、ジョギングのあとに汗を流しに行ける朝営業の銭湯がもっとあったらうれしいです。

Q
移住者へのアドバイスはありますか？

A 京都でやりたいことを決めてから移住する

新しく何かやりたいことを決めてくるといいかもしれません。僕はふわっとしたイメージだけでしたけど、プロジェクトを起こしやすい、人の繋がりができやすい街なのでうまくいくのでは。シャイな自分は捨てて、京都に来てください。

たなか・ゆうや

滋賀県湖南市出身。友人に会う目的で始めた「鴨川プロジェクト」の発展にともない、2009年大阪から移住。コミュニティの活性化事業や起業家支援事業などに取り組む。

京都5移住計画

京都で発見した自分の存在価値

北区・北大路 <<< From Osaka

田中 裕也 さん（会社員）

流れに身を任せた生き方でたどり着いた京都

「僕、あんまり後先を考えずに動くんですよね。そのときの縁とか、流れに身を任せて生きようということが結構多くて……」と、自身について語る田中裕也さん。出身地の滋賀県から大阪府、そして京都へ移り住み、現在は京都で活動するコミュニティデザインユニット「Tunagum.（ツナグム）」（※①）の一員として、商店街をはじめとする地域コミュニティの活性化プロジェクトや京都移住計画の運営などをサポートする一方、「町家スタジオ」（※②）の館長として起業家への支援も行っている。「人と人が出会う瞬間が好き。だから自分は繋ぎ役になる」という意志と、それを存分に発揮できる現在の環境が得られたのも、〝流れ任せ〟の産物であるという。

もっとも、移住するまで京都にまったく縁がなかったわけではない。実家は滋賀県湖南市。京都は電車で約1時間の距離にある、もっとも身近な都会だった。しかも言わずと知れた大学の街。高校で理系科目を得意としていた田中さんは生物工学が学べる京都の大学へ進学し、実家から毎日通っていた。

「でも、学生時代の京都の思い出ってそんなにないんですよ。学校が終わったら、地元に帰ってバイトしたり、遊んだりしてたから。ただ、京都で下宿してる子たちの暮らしぶりはうらやましかった。時間を気にせず遊べるし、自転車でふらっとどこでも行けるし、いいなぁって」

京都というよりひとり暮らしに憧れた学生生活を終え、薬品卸の会社へ就職。ところが、3ヵ月で会社を辞め、ふらりと旅に出てしまう。

「就職が決まったあとで気付いたんです。自分が本来やりたいのは、自分の働く場に常連をつけたり、関係性を作ったりすることだと。一応就職はしたものの、その思いはやっぱり消えなくて……。旅に出たのは、次の仕事を見つけるためにも、夢や信念をもちながら、いろんなところでがんばっている人たちに会ってみようと思ったからです」

行き先はSNSで繋がりを作った全国各地のカメラマン、デザイナーなど、主にクリエイティブな活動をしている人々のもと。旅の期間は半年間におよんだ。そして、旅を終えた田中さんは、「彼らを応援するようなことがしたい」という思いから、意気揚々と京都の広告代理店に入社したのだが……。「その会社、半年で潰れちゃいました」。晴天の霹靂、五里霧中の状況下に置かれたのである。

大阪から京都へ 鴨川デルタから街の懐へ

失意の田中さんが取った行動は、大阪のシェアハウスへの入居と1ヵ月間にわたる引きこもり生活。やがて焦燥感だけが募る退屈な日々に嫌気が差し、大阪市本町にある、カフェ・ショップ・ギャラリーを併設する複合施設の接客業に就いた。食やアートが融合する空間で働くおもしろみにはまり、そこで約2年の歳月を過ごした田中さん。「働く環境としてはすごくよかった」にも関わらず、ピリオドを打ったのには、彼なりの理由があった。

「大阪で仕事をしてると、友人になかなか会えない。どこにいたら会えるかなと考えているうちに浮かんだのが

物件データ

○間取り ／ IDK

○家　賃 ／ 75,000円

田中さんの住まいは、用途に分けて空間を使い分けることができるメゾネットタイプ。最寄り駅である北大路駅には徒歩10分以内とアクセスには申し分ない。北大路駅周辺には、大型スーパーや商店街が軒を連ねているので買い物には困らない。

京都。観光地だからみんな来やすいでしょ。それで、辞める1年くらい前から休みの日を利用して、京都の鴨川デルタ（※③）に集まる会を開くことにしたんです。鴨川にしたのは、場所代がかからないのと、自然があって気持ちいいから。最初は四人で昼間からビールを飲んで終わったんですけど、その次にお互いの知り合いを呼んだら三十人も集まって、それから一気に京都の知り合いが増えていきました。学生もいたし、音楽やパフォーマンスをやる子もいたので、会自体が盛り上がっていく。そしたら徐々に僕らの存在も知られてきて、『今度イベントに来て』とか『商店街のお祭をやるから手伝って』とお声がかかるようになって、自然と街の中に入り込んでいくようになったんです。大阪の仕事を辞める決断をしたのはそのころですね。こうなったら京都に住んで、街や人にガッツリ関わってみようと思いました」

　移住後、田中さんがとくに深く関わったのが、大徳寺の東側に位置する新大宮商店街。そこで毎年秋に行われる「そらたね祭」（※④）のプロデュースを手がけたのが縁で、空き店舗を丸ごと借りることができた。一階にコミュニティスペースを設け、その上で生活をするという、かなり実践的な暮らし方だ。

　「公私の境目がほぼなかったですね。商店街の人と飲みに行って地域のこれからについて議論したり、近所のおばあちゃんとボーリングに行って遊んだりと、常に地域のだれかと一緒に住んでる感覚がありました。3年半暮らして、今は少し離れたところにいますが、その感覚は大事にしていきたいな

※① Tunagum.

2010年に発足したコミュニティデザインユニット。企業や公共団体と共同で、それぞれの施設・地域を活性化させる取り組みや、コミュニティスペースの運営などを通じて、人と人、人と場所の繋がりを紡ぐ活動を展開中。
http://tunagum.com/

※② 町家スタジオ

正式名称は京都リサーチパーク町家スタジオ。西陣の古い町家に学生から社会人まで幅広いジャンルの人が集える場を設け、新たなビジネスシーズの創造に向けたプロジェクトを展開。
http://www.krp.co.jp/machiya/

※③ 鴨川デルタ

賀茂川と高野川の合流地点に位置する三角州の通称。「鴨川ホルモー」や「パッチギ」の撮影場所にもなったり、アーティストのCDジャケットにも使われる、京都の名スポット。

と思っています」

ユースホステルに若者を呼ぶためのイベント企画や、染織テキスタイルを学ぶ学生と企業を繋ぐ展示会のプロデュースなど、どんどん裾野を広げていった活動の背景には、大家族のぬくもりを感じる商店街での生活があった。

京都で膨らみ続ける「繋ぎ役」の使命

現在の活動基盤「Tunagum.」に加わったのは、移住2年目のこと。イベント会場を探していた折に代表者と出会い、ユニットを組もうと誘われた。その後の活動がきっかけで「町家スタジオ」の館長にも抜擢され、地域コミュニティから起業家のサポートまで、活動は多岐にわたる。しかし、根っこにあるのは、「意欲をもって活動している人を応援したい」という気

持ち。かつて旅を終えたときに抱いた思いが今も息づいている。

だが、一言に応援といっても方法はさまざまで、相手が望むことによって個人の力では対応しきれないこともある。事実、「町家スタジオ」でもちかけられる相談の中には、田中さん個人で解決できないケースも多い。そこで田中さんは自身の立ち位置を「繋ぐポジション」に定め、これまでに培った豊かな人脈を活かし、相手にふさわしい知恵や情報などを有する人を紹介する、独自の応援方法を確立した。

「繋ぎ方にも2パターンあるんです。この人とこの人は合いそうだからと繋ぐのがスタンダードですが、合わなさそうだけど繋いでみることも。たとえば、よそ者の僕が歴史ある商店街に関わったことで、街にちょっとした変化を起こせたように、正反対の人やモノ

人や街に変化を起こせる
繋ぎ役になるために
僕は京都に
来たんちゃうかな

が関わり合う方がおもしろくなったり、新しいモノが生まれたりする可能性が高まるからです。とくに京都は新旧あらゆるジャンルの人が密集しているので、ユニークな繋がりや変化を生み出しやすい街だと思います」

そうした取り組みを重ねることによって、「繋ぎ役」としての、さらに大きな使命感が芽生えてきたという。

「京都は、都会と自然、新しいものと古いもののバランスが絶妙で、僕も含め、そこに住み心地のよさを感じている人は多いと思います。ところが、それぞれを支えている若者とお年寄りの接点はあまりないのが実情。僕がそのあいだを取りもつ繋ぎ役を果たせたら、京都によりよい変化を起こせるんじゃないかと。もっと言えば、僕はそれをやるために京都にやって来たんじゃないのかと、最近思うんです」

京都における自身の存在価値に気づいたことによって、「これからは先のことを考えて活動したい」と考えるように。移住者をサポートする京都移住計画の活動についても、現状の課題をクリアするための具体的な策を打ち出す。

「移住者の住まいが市街地から離れていたりすると、どうしても会って話を聞く機会が減ってしまいます。今は京都移住計画と京都をひとくくりにしていますが、エリアごとにもっと密な交流ができるように、今後は北区移住計画とか左京区移住計画といった、ミニマムなコミュニティをどんどん作って発展させていきたいですね」

時々の縁や流れにうまく乗る柔軟な姿勢を保ちながらも、繋ぎ役として京都の街やそこで暮らす人々の未来を変える新たな潮流を作ろうとしている。

※④ そらたね祭

毎年10月下旬、北区・新大宮商店街にある唯明寺周辺で開催されるお祭。
大学生が主体となり、ライブやパフォーマンスなど幅広い世代が楽しめる催しを実施。
http://soratane2003.jimdo.com/

3つのシツモン 田中裕也さんに

Q 京都の一番のオススメスポットはどこですか？

A 商店街

個人的な思い入れがあるのは、新大宮商店街、出町枡形商店街、堀川商店街。各商店街においしい定食屋さんがあるので、めぐってみると楽しいと思います。

Q 京都に暮らしてみて不満はありますか？

A 変化に対して少し臆病なところ

歴史や伝統も大切ですが、新しい技術や感性をもっと取り入れて、京都の新たな歴史を作ろうという気概を一人ひとりがもつべきだと考えています。

Q 移住者へのアドバイスはありますか？

A 短期滞在してみる

できたら移住前に1週間くらい滞在して、観光地ではないローカルなエリアに足を運んで、街の人と接してみてください。生活に密着した情報が得られ、住みたい場所も明確になると思います。

京都6移住計画

自然体で暮らせる大きなコミュニティ

上京区・寺町今出川 <<< From Niigata

天野 さゆりさん（雑貨店経営）

ネットで出会った町家に「選ばれた」と直感して

京都御苑の北側、同志社大学の学生たちがにぎやかに行き交う今出川通から一本路地を入った住宅地の一角に、天野さゆりさんの店がある。4年間空き家だった一軒家を、京町家らしい趣きを残して改装したアンティーク雑貨店。天野さんはこの店の二階を住まいとして利用している。「不動産会社に紹介してもらった職人さんと二人三脚で改装しました。工務店に任せてきれいに直すより、自分のイメージしていた、手づくりのあたたかみのある店にしたくて」。

庭から柔らかい光が射し込む店内には、天野さんが自ら海外で買いつけたアンティークの雑貨やアクセサリー、衣類などが町家空間に調和して並べられている。天野さんはこの物件をインターネットで見つけたのだそう。「京都で店をやりたいと思って、ちょくちょくネットでチェックしていたんです。でも条件を満たす物件はなかなかなくて。ある日、いつもと同じようにネットを繋いだら、パッと出てきたのが、この一軒家でした」

必須条件だった「日当たりがよくて庭つき」をクリアしている物件。「ただひとつ、店をやると決めていたので住宅地の中にあることが気になりました。気がかりがあるならやめておこうと思うのに、なぜか気になって仕方がなくて。『私はこの物件に選ばれたんだ』という気持ちになり、契約してしまいました」。

物件を見つけたのが2012年の9月。翌月には越してきて、改装に没頭したという。「すぐにでも開店した

あまの・さゆり

新潟県出身。大学生のころから働いていた鎌倉のカフェで雑貨コーナーを経営したのち、約1年のドイツ生活を経て京都に移住した。

い」という思いで、オープンは翌年1月に設定。3ヵ月という短期間で、空き家を店舗へと改装しなければならなかった。「部分的に解体して、床を剥いだり貼ったり、土間を造って……といったことを、職人さんと二人で繰り返しました。職人さんと言ってもいわゆる〝よろず屋〟のおじさんで、町家の改装作業ははじめてだったようです。『なんちゅうことさせんねん』とよく言われましたが、『楽しい』とも言ってくれました」。

一階の改装中は、二階で生活をした。最初は畳がなく、ダンボールの上に布団を敷いて寝ていたこともあったという。「とにかく時間に追われて余裕がなくて。オープン告知もしたかったんですが手が回らず、店の前に『アンティーク雑貨などを扱う店になります』という貼り紙をしただけでした」。

故郷の新潟から鎌倉、ドイツを経てついに京都へ

新潟で生まれ育った天野さん。高校生のころから京都の歴史ある街並みに惹かれ、京都の大学に通うことに憧れていたものの、縁があったのが横浜の大学で、大学時代は関東で過ごした。

「大学に通いながら鎌倉のカフェで働いていました。最初はアルバイトだったのですが、カフェの一部にあった物販コーナーを雑貨店として独立させることになったとき、私が任されることになって。大学在学中に共同経営のような形で働くことになりました」。

大学卒業後もその店に残る道を選んだ。「ずっと〝半農半X（※①）〟のような生活がしたいと思っていたんです。ただ自分のXにあたるものが何かわからないなと思っていて。勤め先の

物件データ

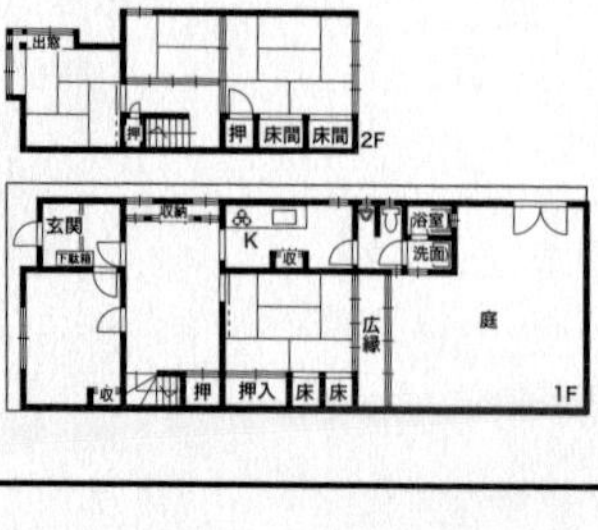

○間取り　／6K

○家　賃　／ヒミツ

店舗兼自宅の町家は古いながらもしっかりとした造り。同志社女子大学の裏の住宅街に位置し、交通量も少なく日当りも良好だ。一点一点買いつけた雑貨たちが買われていくのを待っている。

オーナーと接したり雑貨店で働くうちに、自分のXは『モノを扱ったり、アートの分野に関わる仕事』なんだという気持ちが芽生えてきました。仕事をすれば自分のこだわりも出てきますし、そのうちひとりで挑戦したいと思うようになったんです」。

そんな経緯から、大学卒業後約2年ほど経ったころに仕事を離れドイツへ渡った。ドイツは雑貨の買いつけや旅行で何度か訪れていた場所。「バイヤーとして雑貨店の仕事を続けさせてもらいつつ、語学の勉強をしたり、自給自足で生活している農家の元で働いたりしていました」。1年1ヵ月のドイツ暮らしでは、自分を省みることが多かったそう。「最初の1、2ヵ月は楽しめていない自分がいました。どうしてだろうと考えたとき、まずは自分の心の扉を開かなくては、ということに気づきました。それからは、素直に自分の考えや気持ちを表現し、自然体を心がけるように。そうしたら心地よい人との繋がりが増え、いつのまにか心のモヤモヤがなくなっていました」。

ドイツで自然体でいることの大切さを学んで帰国したあとは、ひとまず実家のある新潟へ。「自分で店を経営したいという思いは固まっていたものの、それ以外はまっさらな状態。これからどうしようか考えたとき、昔から憧れを抱いていた京都のことが思い浮かびました」。京都を目的地と定めてからは、インターネットで店舗と住居が兼ねられる物件がないかチェックすることがルーティンとなる。「最初は何か別の仕事に就いて生活しながら、ゆっくりと物件を探そうと思っていたので、急いでいたわけではなかったんです。でも、どうしても気になる今の

※① 半農半X

自分が食べる食料は自給し、残りの時間は「X＝自分のやりたいこと」に費やすというライフスタイル。
京都府綾部市に住む塩見直紀氏が提唱している。

物件に出会ってしまって」。そうして迎えた2012年の年末。翌月に控えた正式オープンに先駆けて、ご近所への挨拶代わりにプレオープンという形で店を披露した。

不安だった排他性は杞憂に〝よそ者〟でも居心地いい

「いとまをうながすためにお茶漬けが供される」、「人の家を訪ねるときは、もてなしの準備のある相手のために約束の時間よりも〝髪の毛一本〟遅れていく」など、京都に移住するにあたって天野さんが一番不安だったのが、古い街特有のしきたりや排他性だった。

「でも実際住んでみたら、そんなことは全然なくて自然体で過ごせる環境だなと思いました。人とも近いけど近すぎない距離感がちょうどいい。『すごくステキな家だったから、引き継い

やる気と人の縁があれば
コトが早く進むのも
京都の強み

くれてうれしい』という言葉もかけていただき、京都での生活は今のところ大満足です。店が休みの日には寺社や庭園を訪れて心を浄化する時間をもったり、農家さんが丹精込めて育てた大原の野菜を買いに行ったり。住んでいるのに観光気分で過ごせるのって、とても贅沢ですよね。私も自然体で暮らしていますが、京都の人たちが元々自然体なのだと思います。学生の多い街だからでしょうか、ひとつの大きなコミュニティのような、大学に似た空気があって。かといってプライベートが筒抜けというほど近すぎないのが心地いいです」

新しく知り合った人が、別の場所で出会った人の知り合いだったということがよくあるのだそう。実際、天野さんが以前からやりたいと考えていたマルシェ（小さな市）をはじめることに

なったのも、店を訪れたお客さんがきっかけだった。「店に来てくれたお客さんが、偶然大学時代のゼミの先輩だったんです。食に関心の高い方で『一緒にマルシェやらない？』と誘ってくれました。私が庭つきの物件を探していたのは、いつか庭でマルシェがしたいと思っていたから。でも農家さんとの繋がりがなかったので、その出会いがなければ先延ばしになっていたと思います」。ひとりの知り合いとの出会いから、あっというまにネットワークができ、念願だったマルシェ実現へと進んでいった。「京都は、何かやりたいことがあって、本当にそれをやる気なら、コトが進むのが早いです。これも京都の強みですね」。

店の方はというと、「最初のお客さんが羽振りのいい年輩の男性で、たくさんお買い上げいただいたんです。『縁起がいいな』と思いました。たまたま近くの相国寺を訪れた方で、年に一度だけ京都に来られるのだとおっしゃっていました。京都はこういう一期一会なご縁が多いからおもしろい。クリスマス前だったので、ほかにもご近所さんや同志社大学関係の方がプレゼント用にいろいろ買ってくれました」と幸先のいいスタートを切った。「定期的に訪れる方が増えてきましたが、もっともっとリピーターを増やしていくことが今後の課題です」。

天野さんが京都に移り住んで、季節が一巡した。「京都だけにとどまらず、自分の好きな人や作家さんを呼んで展示会をしたり、なにかイベントをしたり、やりたいことは増える一方」と笑う。

3 天野さゆりさんに つのシツモン

Q
京都の一番のオススメスポットはどこですか？

A **賀茂川**

鴨川の上流、とくに賀茂川は好きな場所です。春には桜並木がきれいで、とっても落ち着きます。

Q
京都に暮らしてみて不満はありますか？

A **とくになし**

夏は暑くて冬は寒い……というところでしょうか。あえて言うならです。

Q
移住者へのアドバイスはありますか？

A **自然体で暮らす**

自分のペースを失わないことが大事。強がったり理想を高くもち過ぎないで、なるべく自然体を心がけること。

京都
7
移住計画

「人好き」の僕を引き寄せた京都の力

中京区・四条烏丸 <<< From Fukuoka

東 信史 さん (団体職員)

アウェイをホームに変えた発端は福岡のカフェめぐり

歴史と伝統のある街の雰囲気に惹かれて、あるいは何らかの目的を達成するために京都を目指す移住者が多いなか、東信史さんは京都の「人」や「コミュニティ」といった有機的な繋がりに魅力を感じて移住を決断した希有な存在。現在は、中京区のシェアハウスに暮らしながら、「きょうとNPOセンター」(※①)の職員としてNPO設立に関わる仕事に取り組むかたわら、プライベートでは、交流イベントの企画などもはじめている。

そんな「人好き」の東さんが醸成されたのは、出身の佐賀県内の大学を卒業後、就職を機に移り住んだ福岡県での6年間。リクルートに就職し福岡支社に勤め、スクール情報誌の広告営業の仕事に就いて1年半が経ったころ、何気なく始めたカフェめぐりが最初のきっかけだったという。

「一軒目のカフェでたまたまカウンターに座ったら、店の人とすごく話が弾んで、楽しくて。帰り際に『カフェめぐりをはじめたいんですけど、どこがいいですか』って聞いたら近くの店を教えてくれて、そこで『どこどこのカフェの人から聞いて来ました』って言ったらとてもよくしてくれて、また次の店を教えてもらうという具合にうまく繋がって、1年間で百軒くらいはめぐりましたね」

カフェめぐりのレポートをSNSのコミュニティページに書き綴ったところ、どんどん人が集まり、カフェに対する関心度の高さを実感した東さんは、「みんなが行きつけのカフェを作るきっかけになれば」と、月に一度、

ひがし・のぶふみ

佐賀県小城市出身。大学卒業後、福岡県福岡市で6年間を過ごし、その間積極的にコミュニティ活動に参加。ある出会いがきっかけで京都に関心をもち、移住を決意。

一軒のカフェを貸し切りにして、飲食や会話を楽しむ「まっくすカフェ」を企画。和カフェなら七夕に浴衣を着て行く、ブックカフェなら読書会を開くという風に店の特色に合ったテーマを設けることで、後日ひとりで店を訪ねたときにイベントのことをネタに店の人と会話がしやすくなるように工夫を凝らした。

「毎回、新規とリピーター合わせて三十人くらいが参加してくれて、当時の自分と近い20代前半の社会人が多かったですね。次第にカフェで出会った人同士が別の場所で飲み会をしたり、ゴミ拾いのボランティアをするグループを作ったりという動きも出てきて、すごく活性化してきたなという感触はありました。カフェという気楽な場だったからこそ、人との繋がりも自然な形でできていったんだと思います」

私的なカフェめぐりから派生したイベントを通じて、人と出会う楽しみ、人と人とを繋ぐ喜びを味わった東さんの活動は、やがて次のステージへと移ることとなる。

福岡テンジン大学で奥深い街の魅力を発信

東さんは就職した当初、3年半で会社を辞めるつもりだったという。「まっくすカフェ」を2年間続け、ちょうどその時期にさしかかったころも、その気持ちに変化はなかったが、「福岡テンジン大学」（※②）の存在を知ってから、状況は変わった。

「はじめは東京のシブヤ大学（※③）に所属しようと思っていたんです。動機は、地方出身者のコンプレックスかな。東京の外資系企業などで働いてい

物件データ

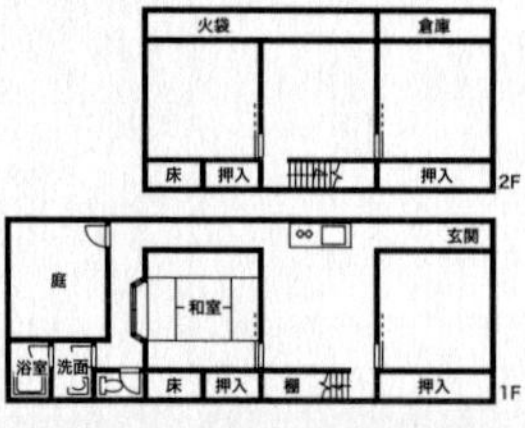

○間取り　／ 1R＋共同スペース
○家　　賃 ／ 50,000円

奥まった路地の突き当たりに立つのは、町家タイプのシェアハウス。決して新しい建物ではないが、家中のそこかしこに住人たちの歴史が詰まっている。東さんは1階の奥、和室に部屋を構える。床の間や違い棚が風情をかもしだす、心地のよい物件。

る人たちの話を聞くと、みんな高校や大学の時分から将来を見据えて勉強したり話を聞きに行ったりしていたって言うんです。佐賀にはそういう環境がないなと気づいて、それを変えるようなことがしたいと。そのためには自分が東京に行くべきだと思っていたんですが、だれもが先生、だれもが生徒という考え方のシブヤ大学に出会って、それならどんな地域でもできるなと。それで早速『入りたいです』って学長さんにメールを送ったら、『実は福岡にもできるんです』って。それなら東京に行く必要もないし、仕事に関しても学びという共通点があるので、新しいチャレンジができそうだと思って、3年後の契約更新まで仕事を続けることにしました」

福岡テンジン大学の開校後、東さんは授業コーディネーターとして運営にも携わるようになる。たとえば、カフェのオーナーに福岡のカフェ文化のなりたちや展望を聞く授業や、めまぐるしく変化する福岡の街の記憶をとどめるための写真教室などを企画し、事前の準備から当日のアシスタントまで務めるという重要な役回りだ。

「新しいテーマというより、身近な物事を対象にして、その分野に詳しい街の人を先生に迎えて、お話を聞いたりワークショップを開いたりするなかで、福岡の街のいいところがひとつずつ増えていくような授業を目指しました。単におしゃれなカフェがあるよって話ではなく、その根底にある文化的な魅力を知ったり、考えたりするきっかけを与えてくれる内容です」

授業コーディネーターのほかにも、農業プロジェクトのリーダーや中高生向けのキャリア教育のコーディネー

※① 特定非営利活動法人 きょうとNPOセンター

市民社会の発展を目指し、NPOの基盤強化、市民社会の創造、交流・連携、教育と調査・研究の4項目を基盤に、プロジェクト型の活動を多数展開。
http://www.npo-net.or.jp/center/

※② 福岡テンジン大学

「街がキャンパス」を合言葉に、地域の人材や資源を活かした生涯学習プログラムを提供するNPO法人。同様のコンセプトをもつ姉妹校が全国に8校ある（2014年1月現在）。
http://tenjin-univ.net/

※③ シブヤ大学

2006年設立。福岡テンジン大学とは姉妹関係にあり、広く一般市民に対して、社会教育に関する講演会やイベントなどを行い、生涯学習の推進を図る。
http://www.shibuya-univ.net/

ターなどを歴任した東さん。次第に、普段の広告営業の仕事の取り組み方まで変わっていったという。

「営業成績のみを考えるのではなく、顧客であるそれぞれの学校が、街のためにどんな働きをするべきか、その存在意義を考えるようになりました。美容系の学校であれば、技術を磨いていけば自分が暮らしたい場所で暮らしていけますよねって、ライフスタイルの提案を絡めた生徒募集の方法を考えるなど、仕事のうえでも徐々に街や人とリンクする方向に傾いていきました」

人を引き寄せる京都の力、そこに集う人に導かれ……

公私ともに充実した福岡生活に転機が訪れたのは、2013年春。会社の担当部署が大阪支社に機能を移し、福岡と大阪を行き来する生活がは

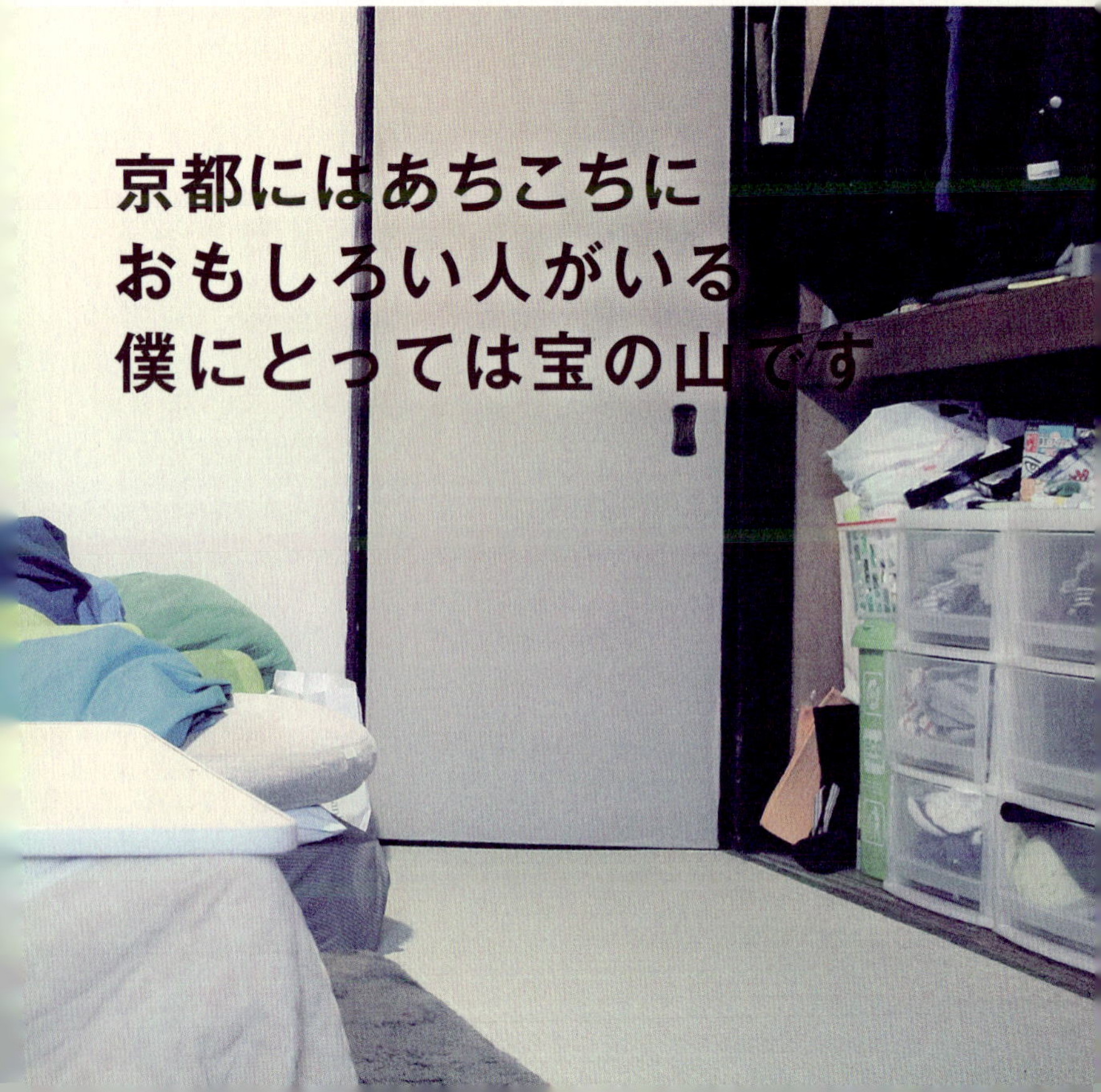

京都にはあちこちにおもしろい人がいる僕にとっては宝の山です

じまった。福岡で転職を考えていた矢先、大阪で知り合った女性から「きょうとＮＰＯセンター」の事務局に務める彼女の夫を紹介された。つまり、現在の職場の同僚となる人だ。しかし、「縁もゆかりもない場所への不安があった」と東さん。京都移住の決め手はむしろ、職場見学で京都に滞在していたとき、知人と繋がりのあった田中裕也さん（※④）をはじめとする人々と出会い、「親近感が湧いてきたから」。さらに、コワーキングで働く方向も視野に入れて見学に行った「Impact Hub Kyoto」（※⑤）を案内してくれた人から、京都移住者の視点から見た京都の魅力に共感できたのも要因のひとつに。

「移住者は京都というキーワードのなかに隠れた場の力みたいなものに引き寄せられて、そこで協力して何かを

しようとする。それは一体なんだろうと知りたくなったのと、そういう人が大勢集まっている京都っていいなぁと」

かくして移住の意志を固めた東さんだが、6年がかりで培った福岡のコミュニティから離れることに不安などはなかったのだろうか。

「多分、福岡でも人の繋がりで仕事はやっていけるかなと考えていたし、それを手放すことにためらいがあったのは確か。でも、同じ枠の中に収まってしまうのは嫌だなっていう気持ちの方が強かった。福岡で僕がやっていたプロジェクトは、あとの人に任せて、見守るだけにしました」

そして、移住からわずか1ヵ月で、東さんは気づいた。「福岡と京都は意外と交流がなかったのでは」と。

「福岡にいるとき、京都で活躍している人っていうと二人くらいしか知らなかったんです。ところが実際に住んでみると、あちこちにおもしろい人がいる。おそらく福岡の人が観光目線でしか京都を見ていなかったり、京都の人がわざわざ福岡に出かけたりしないせいかな。人が好きな僕からしたら、宝の山を発見したみたいな感じです」

東さんは今、そんな〝宝の山〟で自分がなすべきことを思案中だ。具体化はこれからだが、指針としてあるのは、「ひとつもネットワークを持っていない自分が何かをやることで、元々京都にいる人に、『あいつができるなら俺だって』というメッセージを送ること。そして、自分たちで動きたいと思っている人たちと一緒に何かを作ること」。ゼロからスタートした福岡生活と変わらぬスタンスで、挑む。

※④ 田中裕也さん

京都移住計画のメンバー。詳しくは52pを参照。

※⑤ Impact Hub Kyoto

社会や自然、そして自分のあり方を変えたいと考える人々の〝会所〟として設立されたコミュニティスペース。カフェ的な空間やコワーキングスペースのほか、能舞台や茶室まで揃い、さまざまなイベントやプログラムの会場としても機能する。
http://kyoto.impacthub.net/

3 東信史さんに つのシツモン

Q
京都の一番のオススメスポットはどこですか？

A 路地

あの奥には何があるんだろうと、冒険心をくすぐられる空間。勇気を出して入ってみると、すてきなお店に出会ったりして、お宝感がすごいです。

Q
京都に暮らしてみて不満はありますか？

A 自転車の駐輪場が少ないこと

細い道や路地が多い京都は自転車散策にとっても適した土地です。でも、意外と駐輪場が少なくて、困ることも多いですね。

Q
移住者へのアドバイスはありますか？

A 街の人と会って話す

ビジネスとは関係のない人が集まる場所へ行って、京都の生の声を聞いてみる。京都在住者と自分の感覚が合うかどうかを、移住の判断材料にしてみるのもひとつです。

京都移住コラム 2

エリアごとの魅力を知る。

京都への移住を実現していくにあたって、まず、考えたいのは「京都のどこに住むか」という問題。京都と一言で言っても、京都市は11の区に分類される。区によって、そのカラーはさまざま。区ごとの特色をきちんと理解しておくことが移住計画の第一歩だ。

通り名でおなじみの碁盤の目は市内中心の３区のみ。

京都市を真上から見ると、左京区、右京区、北区の面積が大きいが、この３区の大半は森林・農地・山間部であり、いわゆる世間一般の京都のイメージからは遠く離れる。「丸竹夷二押御池…」と唄われる「碁盤の目」は、京都市の中心部である上京区、中京区、下京区の３区であり、これ以外の区は、かつての平安京外に位置し、街の規模や街路の構造が異なると考えた方がよい。とはいえ、周辺の区が地方の都市のような様相をもつかというと、そうではない。京都大学を中心に学生街・カルチャーの街として人気の高い左京区をはじめ、いずれの区も独自のカラーをもちあわせている。

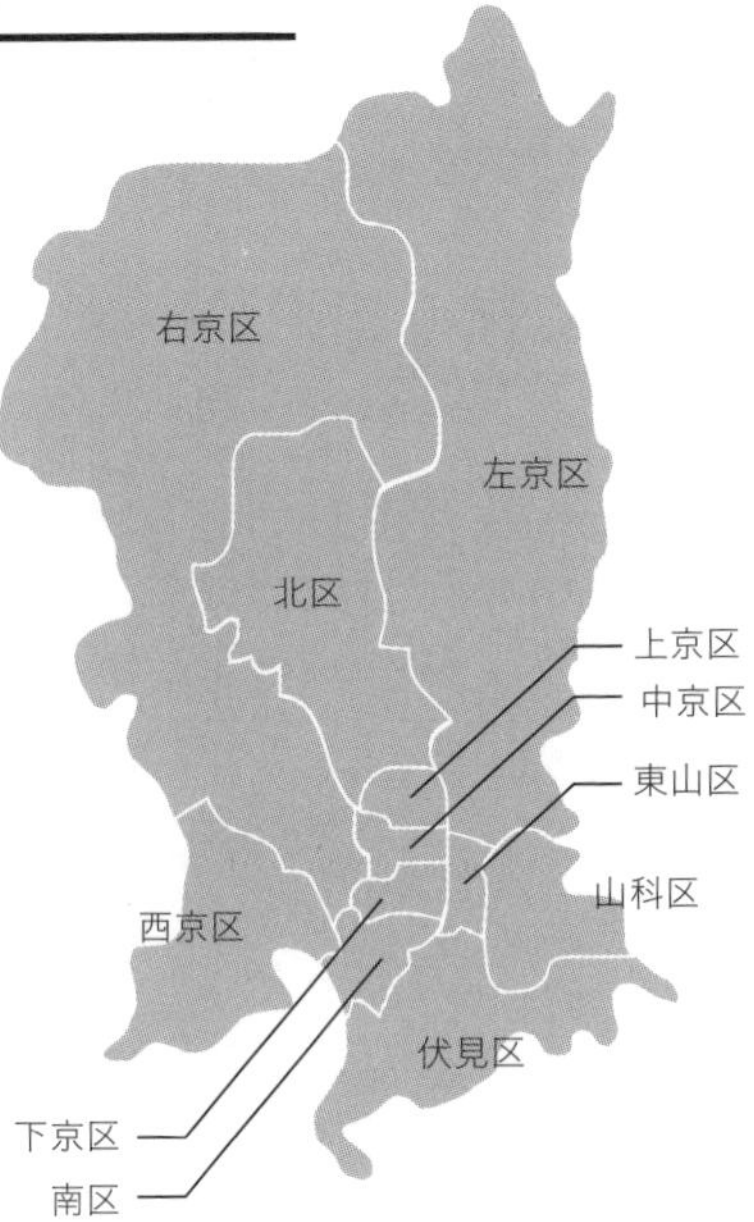

知っておきたい京都の地理アレコレ

右が左京に左が右京

平安京造営の際、天皇の移住する大内裏から南に向かって右が右京、左が左京、と定められたため、その名残で現在の地図では左に右京、右に左京となった。

上ル、下ル、入ル

上ル、下ルは南北を走る通りに使われ、上ルは北へ、下ルは南へ行くことを表す。入ルは東西の通りで、「東入ル」なら東へ向かいなさい、という意味になる。

気候

「京の底冷え」といわれるように、冬は寒いといわれる京都だが、最寒月の平均気温は付近の都市に比べ意外に温暖。しかし、北部は積雪を伴うほど冷え込む。

中京区・下京区

古くからの商家が並び生粋の京都人が住む

中京区は古くからの商家が多く、いわゆる生粋の京都人の主生息域になっており、下京区は「京都の玄関口」といわれるJR京都駅を有している。夏の京都の代名詞「祇園祭」、その運営主体である山鉾町も中京区、下京区に集中。区内には主要な交通機関が集まっていることもあり、京都でもっとも人口密度が高いが、大通りに面していない限り、夜は閑静で住環境はよい。他区に比べると家賃相場は高いが、近年、都心回帰が進み人口は増加中。とくに京都御所南側エリアの通称〝御所南〟は、人気の小学校の学区として非常に競争率が高い。

主なスポット

○京都文化博物館　○二条城
○京都駅　○京都タワー

こんな人にオススメ

○京都をいろいろ散策したい人　○合理的な人
○ショッピングが好きな人
○終電を気にしない人

上京区
・
北区

職人の町から喧噪を抜けて

戦前、多くの芝居小屋・映画館で賑わった千本通や、京都御苑などを有す上京区。同志社大学もあり、今出川沿いは学生街として賑わっている。西陣と呼ばれる地域は昔から西陣織の産地で、その職人たちが代々暮らしてきた。「職人長屋」と呼ばれる路地は、〝観光地〟としての京都ではなく、京都のもの作りを支えてきた職人の町として、昔ながらの町並みや趣きを色濃く今に伝えている。北区は北大路や北山、金閣寺のあたりで、少し上品な雰囲気の町並み。高級な住宅が立ち並ぶ、少し上品な雰囲気の町並み。それより北側には北山杉の景観が広がっている。京都の自然を存分に楽しめる、プチ郊外ライフを送るにはうってつけ。

主なスポット

○京都府庁　○京都御苑
○上賀茂神社　○金閣寺

こんな人にオススメ

○ご近所付き合いを楽しむ人
○職人への憧れが強い人
○自然を愛する人

左京区

独特の空気感が漂う街
京都カルチャーの源

南北に広い左京区は、他の区とは違う個性をもっている。京都大学をはじめ、京都工芸繊維大学、京都精華大学、京都造形芸術大学など、特色のある大学がひしめいていることからも、それは明らかだ。学生街らしく手頃なワンルームアパートも多い。区の真ん中を北上していく叡山電鉄に乗ってしまえば、繁華街へ出るのも簡単。また、一乗寺周辺はラーメン街として有名で、ほかにもリサイクルショップや古着屋、カフェ、ガケ書房や恵文社などの一風変わった本屋さん、ライブハウスなどが集結しており、京都的ポップカルチャーの発信地として京都の原宿と言われることも。

主なスポット

○下鴨神社　○平安神宮
○鴨川デルタ　○知恩寺

こんな人にオススメ

○個性的な人　○学生気分を味わいたい人
○山に近い場所で暮らしたい人

東山区

「京都ならでは」な観光地で暮らす贅沢

伝統的な京都の町並みが今も多く残されており、清水寺や八坂神社など、観光地としてはとても人気の高い地区。岡崎には京都国立博物館や京都国立近代美術館などアートに触れられる場が多数。そしてなんと言っても京都の夏の風物詩は祇園祭。その主祭神を乗せて八坂神社から出る神輿は実に勇壮だ。また八坂神社の裏手の円山公園は自然が豊かで、繁華街から遠く離れなくても静かな雰囲気を楽しむことができる。また、一人暮らしの女性の割合が市内で一番高い区でもあるので、「女性限定」の物件なども充実している。

主なスポット

○八坂神社　○清水寺

○三十三間堂　○六波羅蜜寺

こんな人にオススメ

○観光名所を知り尽くしたい人

○観光名所に囲まれて暮らしたい人

○京都らしさに触れたい人

右京区・西京区

目前に嵐山。絶景を独り占めする暮らし

右京区は嵐山、桂川の水源など、非常に自然の多い土地。春と秋の行楽シーズンには観光客で賑わう。観光名所として名高いので山際まで道路が整備されているが家賃は低め。周辺道路は観光バスやタクシーなどで混み合うことも少なくないが、紅葉の絶景を自宅から楽しめるのは最高の贅沢。西京区は市内でもっとも新しく整備された地域で、もっとも西側に位置する。交通はバスと車がメインで、縦貫道や府道に面しており他の地域と比べると車移動がしやすい地区だ。団地が多いがリノベーション済みの物件なども多く、この地区に住めば、リーズナブルでオシャレな気まま生活を送れることだろう。

主なスポット

○嵐山　○天龍寺　○太秦映画村
○法輪寺

こんな人にオススメ

○田舎暮らしがしたい人
○自然を間近で感じたい人

南区・伏見区・山科区

中心地に遠いようで近い
落ち着いた生活をするならここ

京都駅を境目として東寺の五重塔がそびえる南側が南区。大型ショッピングモールを有し、京都のランドマーク、京都タワーや五重塔がそびえ立つ。伏見区は酒どころで名高い全国に名をはせる名酒を気軽に手にすることができる。宇治川、木津川、桂川の三川が合流していく地域でもあり、水資源が豊富。御香宮神社をはじめ、区内各所には天然水が汲き、場所によっては一般の人でも利用可能。山科区は京都駅からJRで一駅。地下鉄も通じ、自然の多いベッドタウン。名神高速や第二京阪のICがあるなど、車の便がよいのも魅力。

主なスポット

○東寺　○伏見酒蔵
○伏見稲荷大社　○随心院

こんな人にオススメ

○一歩掘り下げた京都散策がしたい人
○中心地から一歩引いたところに住みたい人

京都
8
移住計画

京都から届けたい オンリーワンの美

左京区・松ヶ崎 <<< From Osaka

内藤 麻美子 さん（アーティスト）

東京ライフを満喫後 視野を広げにロンドンへ

内藤麻美子さんの実家はいわゆる転勤族。大学へ進学するまでの大半は千葉県で過ごしたものの、神戸で生まれて以来、鎌倉、名古屋、埼玉など各地に転居した回数は五回以上にのぼる。そのため、各々の土地に思い入れはあるものの、強い執着心は抱かなかったそうだ。そんな内藤さんが幼いころから好きだったのは、絵を描いたりアートに触れること。一時は「手に職をもとう」と理系の職業に繋がる進路を選んだが、「このままでは後悔するかも」と、高校三年の土壇場で美大志望に大転換。「将来食べていけるように、アーティストではなく、デザイナーになるから」と両親に誓いを立て、一浪ののち武蔵野美術大学へ進学した。

ひとり暮らしデビューの地は、東京郊外の国分寺。「自然の豊かなのんびりした街で、新宿にも気軽に行ける。東京がもついろんなカラーを楽しめた4年間でした」と当時を懐かしむ。

その後、都心にオフィスを構えるデザイン事務所に就職し、住まいも通勤に便利な品川区へ。クライアントとの打ち合わせで表参道や原宿へ出向くこともしばしばだった"都会的"な生活もまた、「すごく華やかで楽しかった」。仕事では主に化粧品のパッケージデザインなどを手がけ、自分が描いた絵が商品になっていく喜びも存分に味わえたという。

だが、年数を重ねるにつれて「自分がしたいこととずれてるな」と感じるように。「ディレクション業務より、絵作りを楽しんでいる自分に気づいた」ことが原因だった。結局、3年

ないとう・まみこ

東京の美大を卒業後、都内のデザイン事務所で3年間勤務。1年間のロンドン留学を経て、作家活動を開始。留学と震災を機に自分を見つめなおしたのち、2012年から京都に活動拠点を移す。

で職場を辞め、フリーランスのグラフィックアーティストに転向するとともに、ロンドンへの留学準備を開始した。

「会社ではたくさん貴重な経験をさせてもらいましたが、アーティストとして活動するにあたり、一度外に出ていろんなものを見たいと思いました」

そうしてロンドンのセントラル・セントマーチン芸術大学に留学した内藤さんだったが、「我の強いアーティストがまわりに大勢いて、何が自分の強みなのかわからなくなった」という。

「みんな作品に対する想いがすごく強くて、なおかつプレゼンテーションがうまいんです。ロンドンはコンセプト発祥の地と言われるだけあって、モノよりも作品をどう説明するかに重点を置いた教育が行われていました。それに衝撃を受けて、私の強みや心から好きと言えるものって何だろうと自問するようになりました」

ようやくその答えが出たのは、ロンドンから帰国したあと。「日本人のアイデンティティを大事にしよう。サッカーと同じで、パワーでは彼らに敵わないのだから、繊細さや細やかさといった、日本人ならではの武器を使っていこう」という結論だった。

京都移住の端緒となった人生2度目の震災経験

「今思うと、留学は京都へ移住するきっかけだったかも」と内藤さんは振り返る。それを現実のものとした要因は、2011年3月に起こったあの出来事、東日本大震災だった。

「よみがえったのは、小学生のとき、西宮で経験した阪神淡路大震災の記憶です。電気もガスも使えなくなって、

物件データ

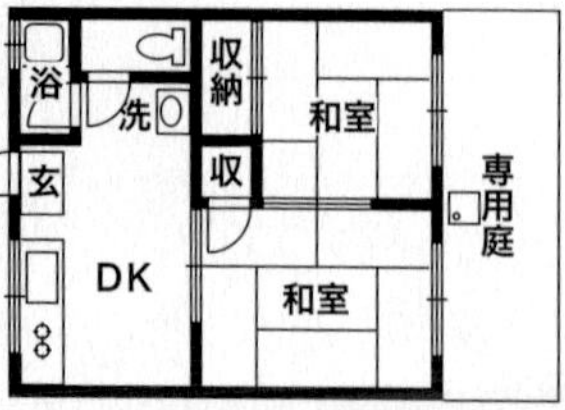

○間取り　／2DK
○家　賃　／ヒミツ

高野川の分流がおだやかに流れる修学院の北。レトロな風情がただようアパートを、住居兼アトリエとして使っている。街なかからは少し離れているため、夏は暑く冬は寒いが、そのぶん四季の移ろいや風景を近くで感じることができる。

それまで当たり前だと思っていた生活が全部当たり前でなくなりました。あれを超える規模の地震が生きているあいだにまた起こるなんてと、自分の作家活動にも響くくらいショックでした」

仕事の都合上、引っ越しにためらいもあったが、「一番大事なのは家族だ」という気持ちが勝り、先に祖母が暮らす大阪府泉南市へ引っ越した家族の元へ向かった。

新たな実家の暮らしは快適だった反面、作家活動をするには少し田舎過ぎたそうだ。最適な場として真っ先に浮かんだのは、文化的にも惹かれるものを感じていた京都だった。四つ上の兄が長く京都に住んでいて、内藤さんも昔から京都を訪れていた。

「お寺も好きだし、お香も好き、和菓子も好き。私の好きなものが全部入っているし、なにより土地に根づいている美意識に魅力を感じて京都行きを決めました」

早速、左京区にある兄の家に数日泊まり込み、アトリエ兼住居にふさわしい物件を探し回り、左京区内で専用庭のついた2DKという好条件の住まいを発見。間取りや家賃もさることながら、「自然がきれいで静かなロケーション」も決め手になった。

移住のプロセスはおおむねスムーズに運んだものの、唯一苦労したのが物件管理会社とのやりとり。「不動産屋さんはとても感じがよかったんですが、管理会社の人の警戒心が強くて、連帯保証人は二人要るとか、すごく審査が厳しかったですね。身内が近くにいたので、助かりましたけど……」

一方、引っ越しと合わせて、京都で初の個展を開くための準備も行った。

会場は、かつて大学時代の友人が作品展を行ったときに訪れた、左京区のギャラリー「prinz（プリンツ）」だった。そして、2012年4月、個展が開幕したのと同時に、内藤さんの京都生活がはじまった。

京都の人と空気に触れ
独自のアートを追求する

新生活のスタートを飾った初個展の反応は予想以上によかった。「京都の人は厳しいと聞いていたので、内心ドキドキしていましたが、美意識が伝わったのか、きれいだねと楽しんでくれる人が多かったですね」と笑みを浮かべる。

内藤さんが京都に住んでみて、明らかに東京と違うと感じ驚いたのは、「人と人との繋がりが密で、ひとりの知り合いができたら、そこからどんどん繋

がりが広がっていくこと」。東京ではまず考えられない現象だという。アーティストばかりでなく、これまでになかった新しい繋がりも生まれた。

「華道や茶道をされている方との出会いです。お話してみると、美しいものを描きたいと思っている私と同じように、その方たちもまた違うジャンルで美を追い求めていて、お互いに励まし合ったりできる間柄に。そのご縁がきっかけで茶道をはじめました。自分の作家活動に結びついているし、勉強になります」

そうした繋がりを育む方法は、至って簡単だった。ある事柄について「知りたい。やりたい。教えてほしい」。この想いを声に出していれば、耳をかたむけてくれる人や手を差し伸べてくれる人が必ず現れるという。「東京ではそれをしなかった。同じことをすれ

知りたい、教えて―。
人に向かって素直に言える
自分に変われました

ばきっと繋がれたと思うけど、意欲をもたなかった。京都だったから、能動的な自分に変われたんだと思います」

また、作家活動を続けるうえでも「東京より落ち着いて制作できるいい環境」と内藤さん。「東京は情報にあふれ過ぎていて、振り回されてしまうところがあります。京都はゆったりしている空気があるので、自分のペースで得たい情報をこちらから取りに行けるところがいい」という。

あえてデメリットを聞くと、「東京にいる人と直接打ち合わせができないなど物理的な問題ですね。でも、発信することは京都にいながらでも十分できるので、結局、自分次第かなと思います」と内藤さん。ゆくゆくは、自分の作品を東京や世界に向けて発信していくつもりだという。

「京都に来てみて、世界を見すえてモノ作りをしている方がたくさんいることを知りました。その一方で、身近な人たちのためにモノ作りをしている人もいて、どちらもすてきだなぁと思いますが、自分は前者を目指そうと」

目下の目標は、「京都にいるからこそできることをする」。ギャラリーの展覧会に限らず、好きなお寺でイベントをしたり、襖絵を描いたりするのもやりたいことのひとつだ。「京都に暮らし、京都の空気を感じながらも、伝統のスタイルにとらわれないものを作る。それが自分にできることなのかな」と、日本人アーティストとしてオンリーワンの美を伝えようとしている。

3 内藤麻美子さんに つのシツモン

Q

京都の一番のオススメスポットはどこですか？

A 北山、松ヶ崎周辺

山や川がすぐそばにあり、賑やかな市街地にはない、落ち着きや美しさがあります。

Q

京都に暮らしてみて不満はありますか？

A 独自の礼儀作法やしきたりがある

ややこしいなと思うところでもあるんですが、人と人との繋がりは密なだけ、独自の決まりごとがあると知りました。

Q

移住者へのアドバイスはありますか？

A 主体的に動くこと

やりたいことがあって移住するなら、自分から何かをしかけていくべき。そこから有力な情報やチャンスを掴める場合が多いからです。

京都
9
移住計画

新しい自分を創ったシェアハウス生活

西京区・松尾 <<< From Ehime

徳永 哲也さん (Webディレクター)

故郷を離れて再起を決意住むなら、シェアハウス

「自分がやりたいのはコレじゃない」「いるべき場所はココじゃない」——。20歳過ぎから30歳になるまで、ずっとそんな鬱屈した思いを抱きながら、故郷・愛媛で〝自分の居場所〟を探し続けてきた徳永哲也さん。どんなに職を変えても、理想と現実のギャップは埋まらなかったという。

「愛媛を出たいという気持ちが常にありました。その一方で、仕事も定まらない状態で出て行ってどうするんだ、堅実に生きなくては……とブレーキをかける自分もいて、なかなか動けずにいたんですが、30歳でようやく踏ん切りがつきました。東京のおじからの『やらない後悔より、やって後悔する方がマシだぞ』というアドバイスも大きかったですね」

地元の同級生たちの多くが都会での生活に区切りをつけて故郷へ戻ってくる時期、徳永さんはデジタルクリエイター系の専門学校に入るため、はじめて都会を目指した。東京と大阪のどちらにするかでずいぶん迷ったのち、選んだのは大阪だった。

「東京もいろんなきっかけをくれるいい街だと思うんですけど、実際に行って見比べてみると、大阪の方が人間に活力があって、街自体もなんとなくおもしろそうだと感じたんです」

行き先が決まったら、今度は部屋探しだ。徳永さんは愛媛を出ると決めた段階で、「次の住まいはシェアハウス」と心に決めていたという。

「ひとり暮らしが長くなっていたので、知らない土地と自分とを繋ぐひとつの拠点になるんじゃないかと思っ

とくなが・てつや

故郷の愛媛県から、大阪のシェアハウス生活を経て2012年に京都に移住。Webディレクターとして働きながら、自身が住まうシェアハウスの運営も手がけている。

て。大阪に来てからは、漠然と京都のシェアハウスに住みたいと思うようになりました。一度は京都に住んでみたいという憧れに近いですね。とはいえ、シェアハウスの居住経験もないまま、縁もゆかりもない京都に行くのは無謀過ぎる気がして、手はじめに2ヵ月ほど大阪のシェアハウスで暮らしてみることにしました」

　実験的なシェアハウス生活を開始した徳永さんは、ハウスメイトを介して人の繋がりがどんどん広がっていく、シェアハウス独特のおもしろさに引き込まれる。加えて、ある失敗をもとに他人と上手に暮らす秘訣も学んでいく。

「ひとり暮らしが長かったことと、憧れだけでシェア生活をはじめたので、最初はシェアメイトとうまくいかないこともありました。今思えば、性格や価値観の違う人とでも距離の取り方次第でうまくやっていけるということがわかった、貴重な経験でした」

出会いと成長をもたらす シェアハウスでの暮らし

　2012年4月から専門学校への通学をはじめ、その7月に徳永さんは現在も暮らしている京都のシェアハウスに移り住んだ。きっかけは、大阪のシェアハウスを運営していた会社「Come on Up」（※①）でアルバイトをはじめたこと。新しいシェアハウスのオープンに向けた準備作業や、オープン後の運営などに関わるなかで、「知らない人に出会い、その人たちが生活を営みながら成長していく過程を見て、さらに自分も刺激を受けて成長していける」と、次第に仕事にやり甲斐を感じるようになっていた。そんな矢先に、同社が京都の嵐山付近に新たな

物件データ

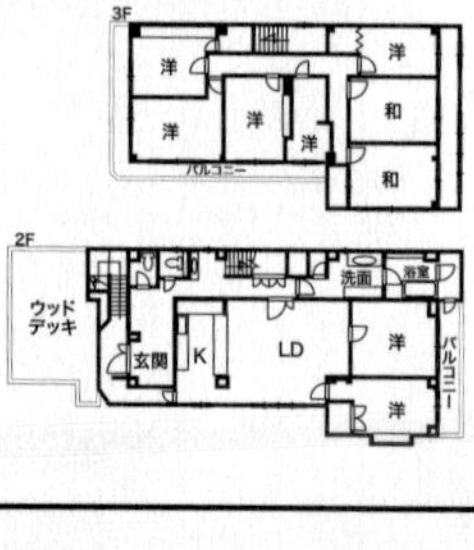

○間取り　／1R＋共同スペース
○家　賃　／58,000円

景勝地として名高い、嵐山近くにあるシェアハウス。シャンデリアがかかるリビング、心地よく風が通るウッドデッキと、オシャレな設備が充実。ゲストハウスは建物の2階・3階部分となっている。

シェアハウスを手がけることが決まり、その運営を住み込みで担当する条件で、住人第一号に立候補したのである。

こうして徳永さんの京都移住生活は、定員九名の京都のシェアハウスにひとりで住むという一風変わった形でスタートした。

「最初の2ヵ月くらいは、ひとり住まいでした。立場上、早く入居者を入れなくてはいけなかったんですけど、PRするにも土地勘も人脈もなく、うまくいかなくて……。でも、住み心地自体はすごくよかったですね。山や川が近くにあって、時間の流れ方もゆったりしている。どことなく自分が育った環境に近い感じがして、落ち着きました」

本当の苦労は自分に次ぐ二人目の入居者が決まったあと。鹿児島から移住してきたハウスメイトとは生活サイクルが全く異なり、顔を合わせる機会もほとんどなく、「どうやってコミュニケーションを取ればいいのかわからず、落ち込みました」。運営を任されている徳永さんは、入居者同士の交流を育むという大事な使命も担っていたからだ。

そこで、シェアハウスのPRを兼ねた交流パーティの開催や、ホームページ上や、街のイベントに出向いて告知を行い、本格的に入居者を募る活動もした。すぐに結果は出なかったが、数ヵ月の間に一人また一人と増え、シェアハウスの設置基準を満たす四人まで増やすことができた。

「そのあたりからやっと心にゆとりが生まれ、私自身が会話や交流を楽しめるようになりましたね」

そうした状況の変化もあって、徳永

※① 有限会社 Come on Up（カモンアップ）

東京と大阪を中心に計28カ所（2013年12月現在）のシェアハウスを運営する企業。
http://www.comeonup-house.com/

※② 町家スタジオ

P55を参照

さんは2013年の年明け、前々から打診されていた社員になるという話を受け、正式に仕事と私生活の両輪を京都のシェアハウスに預けた。

ハウスメイトと誓い合った起業の夢に向かって

移住から1年余りが経過した現在、徳永さんは自分の住まい以外にも京阪エリアにある複数のシェアハウス物件を担当し、オープン前後のありとあらゆる業務をこなすプロデューサー兼営業マン的な役割を果たす一方、Webディレクターとして自社サイトの改良やSNSによるマーケティング活動などにも携わる、多忙な毎日を送っている。前向きに取り組めるのは、「一人ひとりがいずれ事業主として独立できるように」という会社の方針のもと、さまざまな仕事の向こ

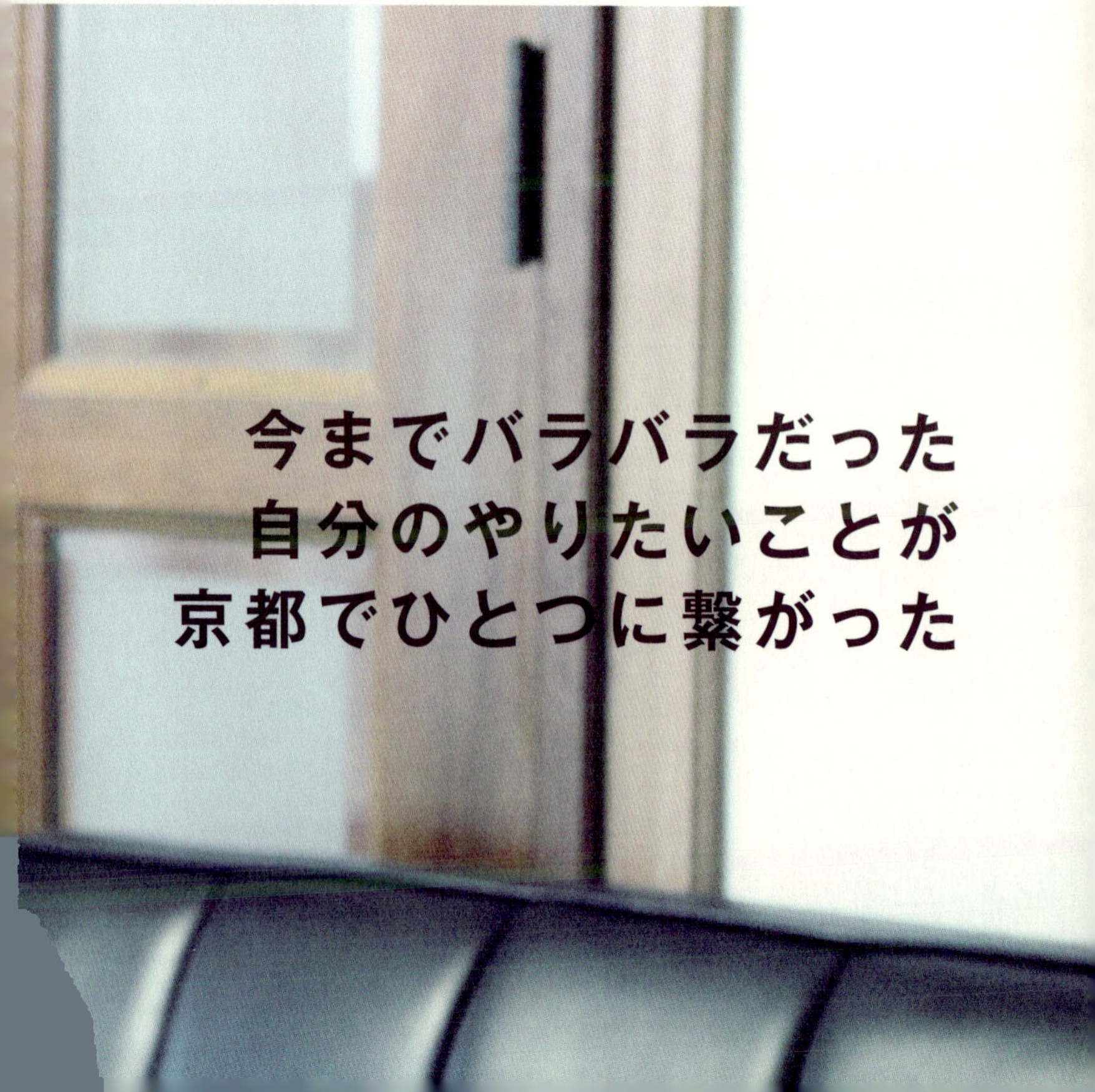

今までバラバラだった
自分のやりたいことが
京都でひとつに繫がった

うに、起業の明日が見えているから。徳永さんは今、どんな起業を志しているのだろうか。

「クリエイティブな仕事がしたいとか、シェアハウスに住みたいとか、人と触れ合いたいとか、今までやりたいことがバラバラにあったんですけど、最近それらがやっとひとつに繋がりました。結局のところ、アートで街づくりがしたいんです。自分自身がアートや人と接するのも好きですが、だれかがアートを見ている姿や、だれかとだれかが触れ合っている様子を見ているのも好き。そういうシーンをつくっていく事業を仕掛けていけたらと思っています。京都は美術系の大学も多いし、海外の人もたくさん訪れますから、アートの活動がしやすい場所ですね」

徳永さん自身がシェアハウスに住ん

で一番よかったと思うことは、そうした夢を語り合える友人にめぐり会えたことだという。

「農業系の起業を目指している元ハウスメイトで、今は北海道で活動中の人。ジャンルは違うけれど、お互いに刺激し合える、とてもいい関係です。お互いに夢を叶えて、必ずまた会おうと約束しています」

しかし、これまでに出会ったハウスメイトの中には、仕事や住まい、あるいは京都に対して違和感を感じて去っていく人もいたという。そんな人たちをサポートすることが、徳永さんの今後の課題だ。

「京都に住むことだけを決めて移住される方も多いので、コーディネーター役として転職の手助けをしていきたいですね。実際に、町家スタジオ（※②）を紹介したのがきっかけで、良い職場にめぐり会えたハウスメイトもいますが、私がネットワークを広げることでそういう機会を増やしていけたら、移住者の不安が軽減され、シェアハウスの存在価値もより高まるのではないかと思っています」

シェアハウスを拠点に、やりがいのある仕事を見つけ、さらには新たな夢まで見つけた徳永さん。1年前まで苦悩していた人とは思えないほど、エネルギッシュな活動の源は、「京都」にあるのだとか。

「京都にいるだけで元気になれるんです。たとえば、大阪で仕事をして疲れて帰ってきても、京都の街を歩いているうちに元気を取り戻せるんです。理屈ではないですね」

長年抱き続けていた「ココじゃない」という思いも、今はもちろん、「ココじゃなきゃ」に180度転換済みだ。

3 徳永哲也さんに つのシツモン

Q 京都の一番のオススメスポットはどこですか？

A 八坂神社

とくに7月24日の深夜、祇園祭の還幸祭で神社に神様をお迎えする神事の様子は、すごく神秘的で見ごたえがあります。

Q 京都に暮らしてみて不満はありますか？

A 夏の蒸し暑さ

もともと夏が苦手なので、こたえます。五山の送り火のあたりがピークですね。

Q 移住者へのアドバイスはありますか？

A 先入観を持ち過ぎないこと

おそらくいいイメージを持って来られることが多いと思いますが、ギャップが生じた場合、苦しむことになるからです。身も心も身軽な状態で来るのがベストかも。

まつおか・さち

香川県生まれ、新潟県育ち。歴史好きが高じて10代の頃から京都に憧れを持つ。専門学校卒業後、一旦は新潟で就職するが、2010年満を持して京都移住。現在は北白川のシェアハウスで暮らす。

京都10移住計画

私と京都を繋ぐ友人という財産

左京区・北白川 <<< From Niigata

松岡 沙知さん（アパレルショップ勤務）

歴史と人のやさしさに触れた京都の思い出

　松岡沙知さんの京都原体験は、中学校の修学旅行。今で言う〝歴女〟の走りだった彼女にとって、京都は憧れの歴史舞台にほかならず、旅程を京都づくしにしたいと密かに願って班長に立候補したほど。他方で「京都の人は冷たいんじゃないか」という勝手な先入観ももっていた。ところが、いざ行ってみると、道に迷った自分たちを目的地まで案内してくれたおじいさんが現れて、イメージは一転「京都の人はやさしい」に。松岡さんの歴史熱や京都愛が一段と高まったのはいうまでもない。

　高校生になっても歴史熱は衰えず、史学部のある大学へ進むことを希望。地元新潟県に該当する学校がなかったため、京都の大学へ行きたい旨を親に訴えたが「四大に行くなら地元の国公立以外はダメ」とストップがかかった。「興味のもてない勉強をするくらいなら、地元の大学には行きたくない」と松岡さんは、小さいころから好きだったお菓子作りが学べる専門学校行きを志願した。場所は大阪だったが、期間が短いこともあり、今度は許しが出た。

　製菓学校では、わずか1年で和菓子、洋菓子、製パンの基礎技術を身につけなければならず、週5日、朝から夕方まで授業がぎっしり詰まっていた。その合間を縫って、松岡さんは度々京都へ出かけていた。そのときも京都の人のやさしさを実感する出来事があったという。

　「京都の洋菓子店で働きたくて、就職活動に出向いたときでした。熱中症みたいになって、道端でうずくまっていたら、通りすがりのお姉さんが『救急車呼びましょうか』って声をかけてくれて。修学旅行のときのおじいさんも、このお姉さんも、やっぱり京都の人はやさしいなぁと、京都の好感度がまたまた上がりました」

だが、卒業後に京都へ来ることは叶わなかった。「大阪で極度のホームシックにかかってしまい、そのストレスで倒れてしまったんです。母も心配していたので、新潟に戻って就職することにしました」。

地元には理想とする洋菓子店がなかったこともあり、実家近くの大手衣料チェーン店に就職を決めた。「服も好きだし、有名な会社だからいいかもしれないなと、すごく単純な動機でしたね」。京都愛は心の奥に封印し、地元で社会人の道を歩み出した。

社会経験を積んだのち 新潟からスピード移住

自他ともに認める負けず嫌いの松岡さんは、「入ったからにはがんばろう」と懸命に働き、入社1年で準社員から正社員に昇格。弱冠20歳ながら、店長補佐的な立場で、店舗の管理業務にあたるようになった。しかし、休日返上で働くなど無理を重ねたせいで、「3ヵ月でキャパオーバー」に陥ったという。

「悲しいわけでもないのに、涙がポロポロ出て来て…。忙しいから辞めるに辞められず、ストレスは溜まる一方で、どんどん心が荒んでいきました。周りのスタッフとうまくコミュニケーションを取ることができず、ひどく子どもっぽい態度を取るようになってしまいました。自分はがんばっていると変に自信をもってしまっていて、余裕

物件データ

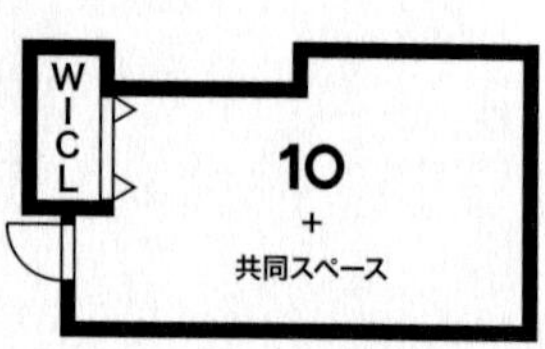

○間取り ／10帖＋共同スペース

○家　賃 ／59,000円

京都の文化的ゾーンである左京区。その玄関口である北白川にあるシェアハウス。キッチンやお風呂などの共用スペースは、ハウスキーパーさんが週3回、掃除に訪れてくれるので便利。リビングには常にだれかいるので、深夜の帰宅でも安心だ。

もなくなって……。視野が狭くなり、まわりの人の気持ちを考えられませんでした。でも、大きなやさしさをもって、それを諭してくれた上司や先輩のおかげで少しずつでしたが、人として丸くなっていけたように思います」

そうしてまわりの人たちの支えなどもあり、苦境を乗り越えた松岡さんだったが、仕事に対してモチベーションを高く維持することは難しく、入社から3年半後、職場を離れる決意を固めた。その後、法律関係の事務所へ転職するも長続きせず、迷走の期間を過ごす。

転機が訪れたのは、退職前、京都で暮らす専門学校時代の友人を訪ねたとき。まもなく身軽になる身の上を話した末、「いいなぁ、京都暮らし」と何気なくつぶやいたところ、「じゃあおいでよ！　家はきっとすぐ見つかるし、なければうちに住めばいいよ」との言葉に、松岡さんは背中を押してもらった。「じゃあ……引っ越そうかな」。なんと、滞在中に部屋を決め、翌月に引っ越すという驚異のスピード移住をやってのけた。

「不安はあまりありませんでした。もともと京都が好きだったし、人がやさしいってインプットもされてたからだと思います。もしこれが東京だったら友人が同じように誘ってくれても、行けなかったと思います。目まぐるしい都会の真ん中で暮らすのが苦手。田舎育ちだから山や川が近いほうが落ち着きます。ほどよい都会と自然がすぐそばにある京都の環境は、自分にピッタリだと思いました」

また、引っ越し先と合わせて就職先が見つかったことも安心して移住できた要因のひとつだったという。そこは新潟で大変な試練に見舞われた店と同じ大手衣料チェーン店。「常に人が足りない職場なので、雇ってもらえるんじゃないかなと、何となく自信があったんです」。鍛えられてたくましくなったからこそできる、思い切った選択だ。

京都暮らしで覚えた人と繋がる楽しみ

松岡さんが京都に来た当初の目的は、「史跡や歴史めぐり」だった。ゆえに、職場やプライベートで新たな人間関係を積極的に築こうとはしなかった。だが、半年が経ったころ、新たに入ってきた二人のスタッフが仲よくしているのを見て、人との繋がりを自分からもたないことに疑問を感じたという。

「彼女たちがすごく仲よく、楽しそうにしているので、私もあんな風になりたいなと思うようになりました。そ

れから、自分からコミュニケーションを取るようになって、遊びに行ったり、家で一緒にご飯を食べたり、職場内というごく狭い範囲ですが、その中で少しずつ繋がりができていきました」

住まいをマンションからシェアハウスに移したのも、交友関係を広げるために起こしたアクションのひとつ。家族以外のだれかと一緒に暮らした経験はなかったが、仲介してくれた不動産屋さんがシェアハウスの住人で、引っ越し前から、住人の人たちと会う機会を設けてくれ、安心して移り住んだ。

「自分の知らないことを知っている人たちと話すのがとにかく楽しくて、ずっとリビングにいました。ひとりの時間とのバランスがよく分からない時期もありましたが、今は自分にとって、ちょうどいいバランスで過ごせるようになりました。それに、ちょっと

今、私を惹きつけているのは 京都の歴史というより 京都の人です

した悩みを話せる相手が近くにいるっていうのは、やっぱりすごく心強いです。近くにオシャレなカフェも多いので、たまにハウスメイトと出かけています」

ほかにも京都移住茶論（※①）やお菓子作りの社会人サークルに参加するなど、積極的に交流を深めていった松岡さん。かつては静かに過ごしていた休日も、今では友人と遊んだり、ひとりで自転車に乗ってふらっと出かけたりするアクティブな過ごし方に変わったそうだ。「史跡だけでなく、カフェや雑貨屋さん、美術館などたくさん見るところがあって、本当に楽しいです。それにおいしいものが多いですよね。とくに京都の和菓子、大好きです」。その楽しそうな様子から、当分京都にとどまるつもりなのだろうと思いきや、「将来的には新潟に帰るかもしれない」と意外な答えが返ってきた。

「新潟の姉から、母が私の帰郷を願っているという話を聞くと、帰ろうかなと真剣に考えます。だけど、まだ決断ができません。せっかくここまで広がって、これからも広がっていくかもしれない人との繋がりを、私はまだ手放したくないんです。だから今、私を惹きつけているのは、京都の歴史というより、京都の人たちです」

松岡さんを京都に繋ぎとめている人との関係づくり。最近では気の合った美容師さんに「友だちになってください」と大胆なアプローチをして、プライベートで飲みに行く間柄になれたそう。いつか帰郷することになったとしても、今の松岡さんならきっと、自分の力で新たな人間関係を築いていけるに違いない。

※① 京都移住茶論

p6参照

3 松岡沙知さんに つのシツモン

Q

京都の一番のオススメスポットはどこですか？

A 百万遍さんの手づくり市

手作りのかわいい物・おいしいものがたくさんあって、見ているだけでわくわくします。お客さんとしてだけでなく、友人と一緒に出店してみたいですね！

Q

京都に暮らしてみて不満はありますか？

A 同じ名前のバス停がたくさんある

京都市にはバス系統がたくさん。さらに乗降場所がいくつもある場合も。方向音痴の私はいつも乗り場・降り場を迷っちゃいます。

Q

移住者へのアドバイスはありますか？

A 京都に友人を作りましょう

遠方出身で人見知りの私が移住できたのは、京都に友人がいたから。迎えてくれる人がいる安心感には不安を解消するパワーがあるんです。

京都移住コラム 3

京都だからこそ住みたい家がある。

「京都に住もう」そう決意が固まったら、次はいよいよ家探しだ。慣れぬ土地に来るからこそ、自分にとってピッタリの家を見つけるのはとても重要なこと。そこで3つの不動産屋さんから「ちょっと他では見つけられないような京都らしい穴場物件」をキーワードに、魅力的な6件を教えてもらった。

京都に住むなら
知っておきたい制度のコト

礼金制度

「貸してくれてありがとう」の意味で、賃料の前払い金として家主さんに払うお金。返還されないため、初期費用を抑えたい人は要注意。

更新料制度

賃貸の契約満了時に、入居を延長したい場合に払うお金。こちらも返還されない。更新料なしの物件もあるので、家探しの際にはチェックを。

迷わず選べ
物件を探すコツ

景色で選ぶ

京都タワーが見える。五山の送り火が見える。たとえば窓を開けたとき、どんな景色なのかは、お風呂とトイレが別れてる以上に大事なことかも。

ゆずれないものを決める

コンロは二口が絶対。ベランダは絶対。住みたい場所にこだわらず、自分の家にとって何がマストかを決めれば、きっと穴場物件に出会える。

観光とはちがう

例えば石畳が敷かれた、京都らしい町家に住みたいと思っても、実際に住むとなると話は別。観光とは別の視点で家探しをするのが吉。

こんな家に住みたい、を叶えてくれる
京都の不動産会社

フラットエージェンシー 京都トンガリエステート

京都市内に6店舗を展開。学生さんからファミリーまで、幅広い層に対応してくれる。
【住所】京都市北区小山北上総町43-5（北大路駅前店）
【電話番号】0120-44-0669

ROOM MARKET

京町家や洋館、レトロビルなど、ある人には宝物のようなユニーク物件を紹介。
【住所】京都市左京区岡崎北御所56-4
【電話番号】075-752-0416

CONTEMPORARY COCOON ROOM702

「水辺が近い」「桜がきれい」など、京都らしい特徴のある物件多数。
【住所】京都市左京区北白川堂ノ前町1番地デュ北白川1F
【電話番号】075-708-2686

※物件情報は一例であり、空室を表記したものではありません。

フラットエージェンシー
オススメ物件

おだやかな共有が繋げてゆく 新しい住まいの形

八坂神社や知恩院にほど近くのシェアハウス。庭と縁側を通じて繋がる各部屋は、それぞれが干渉しすぎない距離感でゆるやかに空間を共有している。畳にごろりと寝転んで、開け放った襖から遠く聞こえる街の声と、どこかの部屋で住人が立てる小さな物音に、耳をくすぐられるままウトウトすれば、心はそのまま遠くへトリップできそうだ。

プライバシーが物件の再重要項目であったのもいまは昔。近年は人との繋がりを求めて、シェアハウスのような家のあり方が注目されてきている。とはいえ急にすべての空間をだれかと共有するのがためらわれるなら、最初はこんな場所がいいのかもしれない。決して強すぎない共有のあり方が、やさしく人と繋がることを教えてくれる。

DATA　karatohana

間取り：3帖～13帖＋共有スペース
住　所：京都市東山区唐戸鼻町
家　賃：43,000円～51,000円
備　考：共益費12,000円

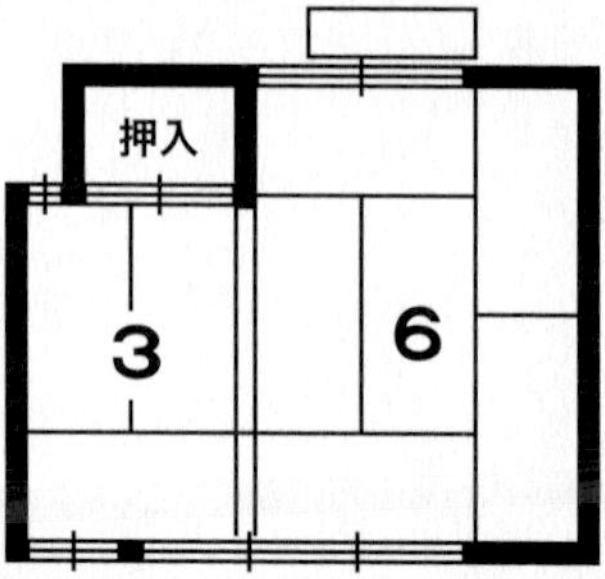

DATA　元町ハウス

間取り：6.4帖〜7帖＋共有スペース
住　所：京都市下京区七条御所ノ内本町
家　賃：56,000円〜63,000円
備　考：共益費14,000円

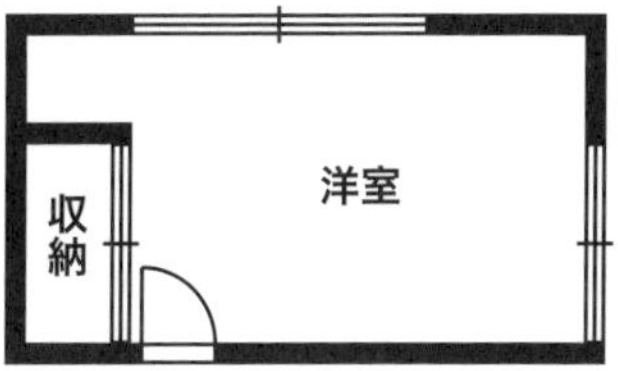

フラットエージェンシー
オススメ物件

ガールズトークに花が咲き 新しいカルチャーが生まれる

この西大路のシェアハウスのすごいところは、まるで高級住宅地の一角のように美しい空間だ。開放感のあるリビングにアイランドキッチン、縁側には大きなウッドデッキ。各個室は温もりのある白壁に、重厚な木の梁が通っている。この家のオーナーさんが町づくりの一環として運営されているシェアハウスだそうで、正直採算があっていないいんだそう。それでも、このクオリティをこの価格で提供している情熱に町づくりへの意気込みが感じられる。

部屋は六部屋、住人は女性限定。きっと性格も個性も違うであろう六人の女性たちが、暮らしをおりなすなかで作られていくものは、どんな新しい文化を町へもたらしてくれるのだろう。楽しげに話す華やかな声が、どこからともなく聞こえてきそうだ。

元町ハウス

静かな窓のある平屋

ROOM MARKET
オススメ物件

季節のうつろいをそばに緑や風と同居する

窓を開けて広がるのは、野趣あふれる緑の光景だ。壁はコンパネを打ちつけたまま、部屋中に木目が走る平屋の家は、窓の外とあいまって、自分ごと森のなかに溶け込んでしまったかのような錯覚さえ覚えてしまう。この部屋にはテレビも、オーディオも、ラジオも必要ない。ざわざわと風に揺れる草木の音と、鳥や虫の声、それさえあれば十分だ。季節ごとに姿を変える自然が、都会の喧噪に疲れてしまった心をときほぐしてくれる。

平屋にもかかわらず、大きなロフトスペースがあるのも魅力的。ロフトの窓からの眺めが、さながらツリーハウスに住む気分で生活を楽しませてくれる。

ちなみに森のなかにはパンのおいしいカフェがある。お腹が減ったらふらりと立ち寄ってみてはいかがだろうか。

DATA　静かな窓のある平屋

間取り：約12帖
住　所：京都市上京区愛染寺町
家　賃：55,000円
備　考：共益費なし

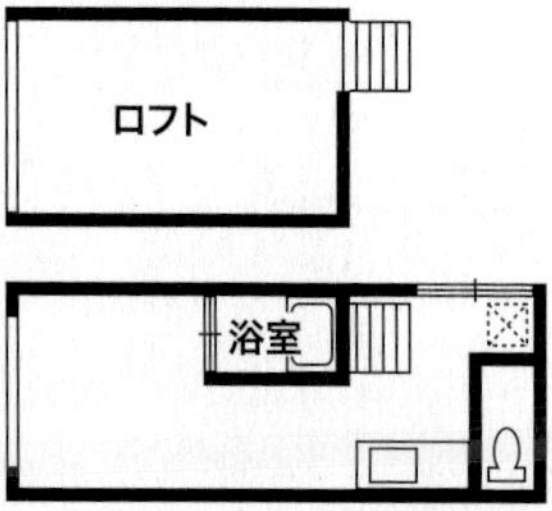

DATA　洋館アパートメント 白亜荘

間取り：6帖＋共有スペース
住　所：京都市左京区吉田二本松町
家　賃：25,000円
備　考：共益費3,000円

ROOM MARKET
オススメ物件

学生街の片隅で大正ロマンに溺れる

差し込む光ごとセピア色に染まりそうな館内。飴色に染まった階段の手すりに手をかければ、三つの時代を生きてきた建物の重厚な息づかいが聞こえてくる。建設当時の姿に戻すべくリノベーション中のこの洋館は、当時は修道院として使われていたそうだ。修道士たちの祈りと労働を支えてきた住まいは、脈々と時を越え、シェアハウスとして現代の若者たちに引き継がれている。

オートロックや床暖房、システムキッチンなど、現代の家に備わった設備は人々の生活をより便利にしてくれる。しかし、便利であることと心豊かに暮らせることはイコールになるのだろうか。たとえば、床冷えに身体が凍えなければ、ストーブのしみ入るような暖さを知ることができないように、不便だからこそ得ることができるものがある。老いてなお健在なこの家が、そう語りかけてくれる。

大文字7

CONTEMPORARY
COCOON ROOM 702
オススメ物件

文化×芸術×学問の街に あらわれた町家シェアハウス

不動産会社が運営管理を行っているシェアハウス。大文字山に抱かれた町家は、もともとオーナーの親族が長年愛用されていたのだそう。水まわりのリフォームや部分的な改装を経て、和風モダンな住まいに生まれ変わった。個室やリビングは和のテイスト。京都ならではの雰囲気を演出している。パーソナルな範囲を確保しながら、同居する人々への配慮が必要とされる。住人たちがおりなす相互的な気づかいや心づかいは、現代人が失いかけている「コミュニティとしての住まい」のあり方を教えてくれるのだ。

「大文字7」というだけあり、大文字の麓にあるこの物件。少し歩けば大文字山にも登れるので、休日のレジャーにもオススメだ。

DATA　大文字7（セブン）

間取り：4帖〜6帖＋共有スペース
住　所：京都市左京区北白川
家　賃：34,000円〜39,000円
備　考：共益費10,000円

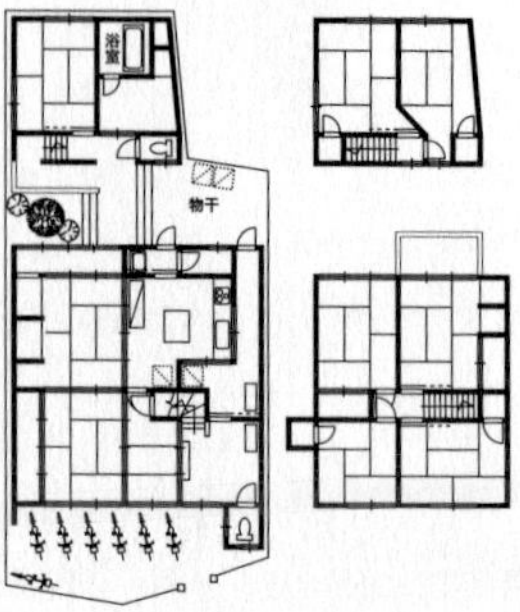

DATA　シャトー銀閣

間取り　：1LDK
住所　：京都市左京区銀閣寺前町
家賃　：99,000円
備考　：水道代月3,000円

CONTEMPORARY COCOON ROOM 702
オススメ物件

おだやかに流れる水に沿う暮らしがある

70年代築のビンテージマンションは、大文字山を目の前に、さらに哲学の道沿いという絶景のロケーションに位置している。外観のレトロな雰囲気とは違い、室内は改装がなされていてモダンな表情。銀閣寺に近いにもかかわらず観光客の喧噪がウソのように静か。もし仮に窓の向こうから観光客の声が聞こえてきたとしても、遠方からわざわざ足を運んでやってくるような場所に住んでいるという優越感にひたることができる。

この住まいの魅力は何と言っても疏水の景色。春は満開の桜が、秋は空を覆うほどの紅葉が、日々の営みに彩りを与えてくれる。しかし本当のオススメは初夏の夜、ビールを片手に楽しむ蛍鑑賞だ。幻想的な光景に、住んでよかったと心から実感するはず。

シャトー銀閣

京都移住コラム 4

京都人にきく京都のホンネ。

日本屈指の知名度と人気を誇る京都。魅力を挙げればきりがないが、同時に「京都の人は腹黒い」や「排他的」と言われがち。「ぶぶ漬け」の話なんて、一体どこまで本当なのやら。ということで、京都生まれ京都育ちのライター・林さんに京都人のよもやま話をぶっちゃけてもらった。

Q1

――林さんは生粋の京都人ですよね。

確かに生まれも育ちも京都の中京区です。27歳から5年間だけ東京に住みましたが、それ以外はずっと京都に住んでます。でも生粋の京都人かと訊かれると、時と場合によって答え方を変えてます。腹黒いでしょ(笑)。京都では三代100年続いてようやく京都人と認めてもらえると言いますが、うちは祖父が京都の大学に通ってそのまま居着いたので、林家としてはようやく京都で100年ですし、代々京都の方の前では新参者ですので……。母の出身も島根県松江市なので、京都で昔から続いてる家と比べられると京都人度は低いと思います。

Q2

――京都に住んでいていいと思うところは?

いろいろありますけど、適度に都会で、町がコンパクトにまとまっているところは、京都で暮らすことをおもしろくしていると思います。東京では小田急線の経堂という場所に住んでいたのですが、大きな本屋さんに行くにも、服を買いに行くにも、新宿に電車で出なくてはいけない。京都は自転車でぐるっとひと回りすれば事足りますからね。あと、町のコンパクトさが人と人との繋がりやすさを生んでると思います。二、三人辿れば友だちの友だちだったということは日常茶飯事です。まあ、これは裏を返せば、人付き合いをちゃんとしとかなあかんということなんですけど。

Q3

――町のコンパクトさが魅力でもあり、窮屈さでもあるということですか。

東京はいろんなベクトルの人が集まって来てて、少々枠から外れててもだれも気にしないし、目立たない。僕がまだ実家にお世話になってるっていうのもあると思いますが、京都は常に町の目があるというか、いい風に言えば気にしてもらってるという部分があると思います。これが時として、窮屈と感じることもあるんですけどね（笑）。よさでもあり、窮屈なところでもある。言い換えると、京都で暮らすということは、素性を明らかにして生活することなんやと思います。長年京都に住んでいて素性が明らかな者同士やったら、そこに信用が生まれますよね。そういう目に見えない信用で成り立っている部分が、京都には大いにあるように思います。

Q4

――京都はヨソさんに厳しいとよく言われますが。

大学を出て就職した会社の京都営業所で九州出身の同期と一緒やったんですけど、彼は苦労してましたね。よく京都は仕事がしにくいとぼやいてました。一方、僕は営業先で「ずっと京都です、大学は同志社でした」って言うだけで、なんか許してもらえる空気が生まれました（笑）。そういう風に京都で生まれ育った人に対して甘い部分はあると思いますね。それはさっき言った信用の上に成り立ってるものやと思いますけど。よく京都はヨソさんに厳しい町と言われますけど、反面学生には優しい町と言われますよね。それは、最初から「学生さんはいつかヨソへ出ていく人」という目で見てるからだと思います。反面、社会人として京都に来た人が厳しい町と感じるのは、京都の人が「この人はずっと京都に根づく人なのか」という部分を観察してるからじゃないでしょうかね。業績が悪くなったらすぐ撤退するようなチェーンストアに対して、京都の人が冷めた目で見るのもこういう部分に起因してるのとちゃいますかね。

Q5

――京都においては根づくことに価値があるということですか?

さっき言ったことと重なりますが、長くひとところに住み続けるということは、素性を明らかにして生活するということですよね。そうすることで、京都の信用コミュニティの一員として認めてもらえるということだと思います。大手企業に勤めるサラリーマンだと、この信用コミュニティに触れることはあまりないかも知れませんが、京都の自営業者や中小企業経営者は、常に肌身で感じていると思います。僕もフリーライターで自営業者ですけど、京都で仕事をするときは、常に意識してます。ちょっと大げさに言えば、「逃げも隠れもしません」っていう覚悟が必要というかね(笑)。京都を語るときに「一見さんお断り」のフレーズがよく出てきますけど、これはまさに信用コミュニティに裏打ちされたシステムですよね。お茶屋さんで信用できる方の紹介があれば、ツケで遊ばせてくれるわけですから。一方でコミュニティの一員になったからには、一度下手を打って信用をなくしてしまうと、なかなか挽回は難しい。だからコミュニティは、キチッとしなあかんという後ろ支えにもなるんですけど。

Q6

――京都には「学区」という独特のコミュニティもありますよね。

自治組織の単位としての「学区」ですね。小学校の通学区域と同じでややこしいので、「元学区」と呼ばれることもありますね。京都は明治の新政府になって国が全国に小学校を作れとお布令を出す前に、地域住民がお金を出しあって小学校を作ったという歴史があります。番組小学校と呼ばれてますけど、今の上京区、中京区、下京区辺りに最初六十四校の小学校を作ったんです。この小学校の学区(通学区域)が、今も自治組織の単位として受け継がれてます。市内でも周辺部に行くと、現在の小学校の通学区域と重なってるんですけど、中心部は小学校の統廃合や、元は小学校だった学校が戦後中学校になってる所とかもあって、非常にややこしい。でも京都人同士なら「〇〇学区です」と言えば通じます。

林　宏樹（はやし　ひろき）

1969年生まれ。フリーライター。著書に『京都極楽銭湯案内』（淡交社）など。近著に『近大マグロの奇跡』（新潮文庫）。最近は銭湯を絡めたまち歩きのガイドなども行っている。

Q7

――「学区」はどんな場面で暮らしに関わってくるのですか？

あるとあらゆる場面でって言ったら言い過ぎですけど、町内会を束ねる組織として自治連合会があって、これが学区ごとに設けられています。選挙の投票所も区民運動会も学区単位でありますし、消防団も学区毎に設けられています。学区が暮らしの基本単位になってるんです。学区は、普通の地図には表記されてませんし、小学校の通学区域とも違う場合があるので、非常にわかりにくいですけど、生活の上では欠かせない単位なので、移住される方は知っておいた方がいいですね。元々、自分たちの住む地域に自分たちがお金を出し合って学校を作ったという誇りがあるので、年配の方は学区に愛着をもっている方が多いですね。

Q8

――京都に移住される方になにかメッセージがあればお願いします。

「住めば都」という言葉がありますが、京都は一度コミュニティに受け入れられると、その居心地のよさは特別のものがあります。反面、いろいろしゃべったような、時として少々煩わしく感じるような部分もあるんですけど、非常に健全な自治意識の残っている町と言えるのではないかと思います。人によって町との関わり方はさまざまでしょうし、濃淡はあると思いますが、まずわからないことは、新参者であることを伝えて質問することが大事だと思います。遠巻きに見てるように思う京都人も、訊くとちゃんと答えてくれます。それでは、よき京都ライフを！

震災後、増えています。
他府県からの移住者。

年	転入	転出
2009年（平成21年）	40,977人	41,892人
2010年（平成22年）	40,214人	40,725人
2011年（平成23年）	41,536人	40,699人
2012年（平成24年）	42,088人	40,196人
2013年（平成25年）	41,977人	40,185人

国全体の人口減少にともなって減っていた転入者人口だが、
震災後は大きくその数を伸ばしている。

地域ブランド調査で
京都市が最も魅力的な都市に。

順位	認知度	魅力度	移住意欲度
1位	京都市	京都市	横浜市
2位	名古屋市、新宿区	函館市	京都市
3位	名古屋市、新宿区	札幌市	鎌倉市
4位	渋谷区	横浜市	神戸市
5位	神戸市	富良野市	札幌市

株式会社ブランド総合研究所による
「地域ブランド調査2013」内「1000市町村ランキング」より。

生きたい場所を計画する。

この本を出版させていただくにあたり、いままでの京都移住計画の活動について少し振り返りをしてみた。そのとき、なぜか最初に浮かんだのは、小学生の自分だった。当時、僕は「転校生」という存在にすごく好奇心をもっていて「自分が知らない土地で育ち、いったいどんなものを見聞きして、どんな考えをもっているんだろう」と幼心にワクワクしたのだ。まるで外国人に出会ったようで、転校生が編入してくるたびに、とにかくあれやこれやと話しかけていたのを覚えている。

もしかしたら少しおせっかいだったのかもしれないけれど、転校生が見知らぬ土地で新たな友人をつくるということに、ぼくは勝手に意義を感じていて、その感覚は20数年経つ現在も薄らぐことなく「京都移住計画」という場に引きつがれているように思う。あいかわらず、人と人の出会いに積極的に関わり続けている。

ぼくみたいなタイプが稀なのかどうかはわからないけれど、こうした人の縁を大事にする人が京都には多いような気がする。ぼく自身も京都にUターンしてくる際に、多くの人たちにお世話になったからこそ、今があると確信していて、そのときにもらった恩を、次に移り住む人たちに送ることができれば、と考えている。

今回、取材をした10人からも、同様の言葉を聞いた。京都はヨソ者を受け入れないという印象ではなく、いかに人とのつながりを重んじ、大事にしているかということが改めてわかったような気がする。

もちろん受け入れられなかったということや、移り住むうえでのトラブルなどがないわけではない。しかし、京都という土地は、だれかを拒みだれかを受け入れないというようなことは、決してない。

「ここにいたい」と思えば居続けることができるし、長い人生のある一時期の時間の使い方として、京都という土地に身を置くという生き方や働き方があってもいい、ぼくはそう考えている。「そういう生き方もアリ」と許容してくれる懐の深さのようなものが京都の街にはただよっていると感じる。

今回、取材した移住者の皆さんは、共通して「いつまで京都に住むか分からない」「未知数」だと口をそろえて言う。住みはじめてからの期間が影響していることもあるが、京都であれどこであれ、自分の居場所を自分で作っていけることを、彼らはこの移住ですでに知ってしまったのだろう。その都度、自身が求めるものに応じて暮らす

場所を選んでいく力がある。
「自分が生きたい場所で生きているのか?」という問いは、自身が抱えている本当の気持ちを誤魔化したり、自分の人生を他人任せにしたり、誰もが陥りがちな「まあいいか」程度の人生を鈍化させる小さな病に一石を投じてくれる。
我慢して選ぶのではなく、作られた既製品でもない。「自分で選び」「自分で作る」という気持ちをもてる場所。そんな場所が「生きていきたい場所」なのかもしれない。
この出版をきっかけに、これからどんな人たちと、移り住む先の暮らしを作っていけるのか、今からワクワクしてしまう。

京都移住計画　代表 田村篤史

京都移住計画
Kyoto migration project

京都移住計画

2014年3月10日　初版発行

発行所　株式会社コトコト
京都市中京区高倉通蛸薬師上ル東側
和久屋町350　リビング高倉ビル 5F
TEL　075-257-7322
FAX　075-257-7360
http://www.koto-koto.co.jp

発行人　中尾道也

著者　田村篤史

編集　光川貴浩（合同会社バンクトゥ）
松田寛志（合同会社バンクトゥ）
平山靖子（合同会社バンクトゥ）

デザイン　松原京子（株式会社京都リビングコーポレーション）

撮影　光川貴浩（合同会社バンクトゥ）
平山靖子（合同会社バンクトゥ）

取材・文　田村篤史

協力　岡田香絵
林　宏樹

印刷　株式会社　流行発信

ISBN978-4-903822-62-4